기업재무론
Corporate Finance

유범준

UUP.

기업재무론

2009년 12월 24일 초판 인쇄
2009년 12월 30일 초판 발행

지은이 | 유범준
발행인 | 김도연
발행처 | UUP(울산대학교출판부)

출판등록 | 제 370-1996-000001호(1996.3.13)
홈페이지 | http://uup.ulsan.ac.kr
주소 | 680-749 울산광역시 남구 대학로 102(무거동)
울산대학교 출판부
전화 | (052) 259-2488
팩스 | (052) 277-3011

값 8,000원

ISBN 978-89-7868-169-8 93320

* 잘못된 책은 교환해드립니다.

머리말

본 저서는 현대재무이론에서 기업재무의 내용을 이론적인 측면과 전략적 측면에서 기술하고 있다.

시장원리에 기초한 이론적 측면에서는 위험실물자산에 투자(1장), 세금과 자본조달(3장), 소유와 통제의 분리, 이해갈등 및 재무정책(4장), 파산비용과 주주, 채권자의 이해갈등(5장), 경영자 유인과 재무결정(7장), 그리고 재무결정과 정보전달효과(8장)를 포함하였다. 반면, 전략적 측면에서는 자본배분과 기업전략(2장)과 자본구조와 기업전략(6장)을 포함하였다. 투자가치평가보다 자본재무구조, 유인, 정보 및 기업통제의 내용을 상조하였다.

목차

1장

위험실물자산에 투자

일반적으로 경영자는 실물투자안의 비용이 동일한 미래현금흐름을 창출하는 금융자산포트폴리오의 비용보다 적게 드는 경우 투자안을 채택한다. 기업의 가치는 가장 저렴한 자원을 구입하므로써 높아질 수 있다. 자본투자 역시 마찬가지이다. 경영자는 미래현금흐름을 실물자산이든 금융자산이든 가장 저렴한 자원에서 창출할 수 있다.

이러한 접근방법은 투자안의 현금흐름이 경쟁적인 자본시장에서 어떻게 평가되는가에 의존한다. 특정한 조직이 주식을 거래하고 있다면, 가치창조를 하는 실물투자안을 어떻게 선택할 것인가를 이해하기란 어렵지 않은 일이다. 기업은 투자안의 주식을 매각하므로써 창출되는 현금흐름보다 비용이 적게 지출되는 모든 실물투자를 통해 가치를 창조한다. 모든 투자안이 자본시장에서 판매되는 단순한 세계에서 투자안을 채택하는 기준은 기업이 실물자산을 판매할 경우 적용하는 기준과 동일하다. 즉, 비용보다 수익이 적다면 결코 제품을 판매하지 않을 것이다.

위험자산의 가치평가는 무위험자산의 가치평가와 거의 동일하다.

첫째, 경영자는 투자안의 미래현금흐름을 예측하고 이자율로 할인한다. 이러한 작업은 위험자산의 경우 보다 어렵다. 왜냐하면 위험자산인 경우 미래현금흐름의 내용을 이해할 필요가 있기 때문이다. 또한 현금흐름이 위험한 경우 적절한 할인율의 산정은 보다 복잡한 작업이기 때문이다.

본 장에서는 현금흐름을 예측하는 방식이 현재가치를 산정하기 위해 이용되는 할인율을 결정한다고 보고, 현금흐름을 두 가지 방법으로 파악하고 있다.

1. 기대현금흐름을 예측한다.
2. 위험에 적합한 현금흐름을 예측한다.

먼저, 경영자가 투자안의 기대현금흐름을 예측하는 경우를 살펴보면, 모든 상황에 따른 발생가능성을 가중치(확률)로 하여 산정된 기대현금흐름은 자본자산가격결모형(capital asset pricing model)이나 차익거래가격결정모형(abitrage pricing model)과 같은 수익-위험모형에 의해 결정된 위험조정할인율로 할인된다. 이러한 방법을 위험조정할인율법(risk-adjusted discount rate method)이라고 한다.

기대현금흐름은 자산에 의해 창출되므로 비교할 수 있는 다른 자산에서 창출되는 기대수익률로 할인하여 현재가치를 산정하게 된다. 이러한 평가방법은 사업분야가 동일한 공개기업의 자산평가방법과 동일하다. 금융시장에서는 실물자산의 현금흐름에 대한 청구권을 거래한다. 청구권은 공개기업의 부채와 주식의 형태로 나타난다. 적절한 위험조정할인율을 얻기 위해 자산에 대한 부채와 주식의 청구권을 자산의 기대수익으로 전환한다. 청구권에 대한 위험계수(베타)를 확인하기 위한 첫 단계는 다음과 같다.

- 부채비율이 주식베타에 미치는 효과를 환원하기 위해 동일한 업종의 공개기업의 주식베타와 부채베타를 자산베타로 전환할 수 있는 공식을 이용한다.
- 위험조정할인율을 얻기 위해 자산베타를 이용하여 기대이익률을 산출할 수 있는 자산가격결정모형을 적용한다.

다른 방법으로는,

- 주식베타를 이용하여 기대주식수익률을 산출할 수 있는 자산가격결정모형을 적용한다.
- 부채비율이 주식베타에 미치는 효과를 환원하기 위해 동일한 업종의 공개기업의 주식베타(때로는 부채베타)를 자산기대이익으로 전환할 수 있는 공식을 이용한다. 자산기대이익은 위험조정할인율로 이용된다.

그러나, 경영자는 현금흐름을 제로로 만들 수 있는 상황을 고려하지 않거나 무시하기에 현금흐름을 예상하거나 위험을 조정하는 방법을 제대로 이해 못하는 경우가 있다.

예를 들면, 특정한 에너지개발회사가 개발도상국에 정부정책의 변경으로 모든 투자액을 완전소실할 확률이 5% 위험이 있는 송유관을 수억 달러 들여 건설할 것인가를 고려하고 있다고 하자. 특정한 기업은 높아진 위험을 반영하기 위해 할인율을 증가할 수 있다. 그러나 할인율에 위험을 임의로 조정하는 대신 예기치 않은 상황을 반영하기 위해 기대현금흐름을 조정하고 적절한 위험조정률에 기대현금흐름을 할인하여야 한다.

경영자는 기대현금흐름의 위험을 '보수적인' 기대현금흐름으로 반영할 수 있다. 즉, 나쁜 상황의 발생가능성에 보다 많은 가중치를 두고 좋은 상황에 보다 적은 가중치를 둘 수 있다. 경우에 따라서는 보수적 현금흐름은 가설적인 무위험상황에서 확실성등가(certainty equivalent)로 고려할 수 있다. 확실성등가현금흐름은 확실한 상황에서처럼 확실성등가액을 무위험이자율로 할인한 현금흐름을 말한다.

기대현금흐름을 위험조정할인율로 할인할 것인가 확실성등가액을 무위험이자율로 할인할 것인가에 대한 선택은 투자안을 평가하는 데 이용가능한 정보에 의존한다. 특정한 투자안과 동일한 사업분야에 거래할 수 있는 주식을 가진 공개기업이 존재한다면, 투자안의 기대현금흐름을 할인할 수 있는 할인율을 산정할 수 있다. 이 경우 기대현금흐름이 확실성등가보다 산정하기가 쉽다면, 기대현금흐름할인법이 우위인 방법이 될 것이다.

비교증권의 베타위험을 산정하기가 불가능하다면, 베타위험은 통계적 방법에 의해 추정될 수도 있다. 베타계수를 산정하기 어려우면 일반적으로 확실성등가법이 보다 편리한 방법이 되는 데, 특히 투자안의 발생가능성에 기본자료가 될 수 있는 선도가격이나 선물가격이 존재한다면 더욱 편리할 것이다. 이 경우에는 무위험이자율로 확실성등가를 할인하는 방법이 보다 선호되는 방법이 될 것이다.

기대현금흐름을 위험조정할인율로 확실성등가를 무위험이자율로 적절하게 할인한다면 투자안의 미래현금흐름에 대해 동일한 결과를 제공한다. 실물자산투자는 실물투자가 창출하는 미래현금흐름을 模寫(tracking)[1)]하는 금융투자의 비용을 초과하는 가치를 발생하는 상황에서 실행되어야 한다.

본 장에서 제시하는 위험자산에 대한 가치평가접근법은 매우 실용적이다. 수많은 기업과 금융기관이 두 가지 평가방법을 이용하고 있다. 나아가 본 장에서는 적용과정과 애로점에 대해 논의할 것이다.

1. 모사포트폴리오와 실물자산평가

현금흐름할인법은 모사포트폴리오접근법에 기초하고 있다. 투자안의 미래현금흐름을 모사하는 금융투자의 시장가격은 투자안의 미래현금흐름의 가치와 동일하여야 된다는 것이 기본원칙이다.

이러한 접근방법은 무위험현금흐름에 있어서는 매우 직관적인 개념이지만, 위험투자안에 적용하기에는 어려운 작업이다. 특정한 위험자산을 안전히게 모사힐 수 있는 포트포리오는 특수한 경우에만 존재한다. 예를 들면, 유전의 현금흐름은 원유의 선도계약과 무위험사채의 포트폴리오에 의해 모사될 수 있을 것이다. 그러나, 대부분 경우 모사오류가 발생할 수 있다. 모사포트폴리오의 현금흐름과 투자안의 현금흐름에서 차이가 발생할 수 있다. 따라서, 투자분석가는 모사오류가 제로의 현재가치를 가지는 모사포트폴리오를 생성할 수 있는 이론적 모형에 의존할 필요가 있다.

---

1) 模寫라는 표현이 충분하지 않지만 본래의 의미(tracking)에 보다 가깝다고 생각하여 이용한다.

1) 자산가격결정모형과 모사포트폴리오접근법

모사오류가 존재한다면 분석가는 일반적으로 자본자산가격결정모형(CAPM)이나 차익거래가격결정모형(APT)과 같은 가격결정모형을 이용하여 투자안의 현재가치를 산정하여야 한다. 모사오류가 기업특성에 따른 비체계적 위험에 기인하는 경우 모사오류가 제로현재가치를 가진다면, 불완전한 모사포트폴리오는 평가목적을 위해 이용될 수 있다.

■ **모사포트폴리오의 이용:** 시장포트폴리오와 무위험자산으로 완전하게 모사할 수 있다고 가정하고 투자안의 현금흐름을 고려해 보자. 최고경영자는 호텔카지노의 개설가능성에 대해 평가하려고 한다. 예를 단순화하기 위해 1년 후 호텔이 창출하는 현금흐름을 다음 같은 세 가지 대안으로 고려하고 있다.

- 호황(40% 확률)인 경우 1,230만 달러
- 보통(40% 확률)인 경우 1,130만 달러
- 불황(20% 확률)인 경우 930만 달러

시장포트폴리오의 상황에 따른 기대치는 다음과 같다.

상황	확률	현금흐름	
		호텔/카지노 (만달러)	시장포트폴리오 (투자액 1달러당)
호황	0.4	1,230	1.40
보통	0.4	1,130	1.20
불황	0.2	930	0.80

무위험이자율은 6%이고, 호텔의 미래현금흐름은 1,000만 달러에 의해 다음과 같이 완전하게 모사될 수 있다.

- 무위험자산에 500만 달러를 투자하고,
- 시장포트폴리오에 500만 달러를 투자한다.

금융자산 1,000만 달러의 현금흐름이 호텔카지노의 현금흐름을 모사하므로, 카지노의 미래현금흐름의 가치는 1,000만 달러가 된다.

■ **모사오류와 현재가치:** 상기 예에서 시장포트폴리오가 완전하게 카지노의 현금흐름과 상관관계를 가지고 있으므로 완전한 모사가 이루어진다고 볼 수 있다. 상황에 따른 세 가지 현금흐름과 시장포트폴리오 현금흐름의 변경은 완전한 상관관계를 변경케 한다. 이 경우 실제로 불완전한 모사가 가능할 것이다.

불완전한 모사에서 시장포트폴리오와 무위험자산의 구성은 모사오류의 분산을 최소화하는 구성이다. 현재로서는 시장포트폴리오 500만 달러와 무위험자산 500만 달러로 구성된 포트폴리오가 모사오류를 최소화하는 포트폴리오라고 가정하자.

모사포트폴리오는 1,000만 달러이므로 카지노현금흐름 역시 1,000만 달러이어야 한다. 무차익의 가정에서 완전한 모사가 가능하다. 그러나 불완전모사에서도 무차익이 가능하다. 첫째, 가치평가를 하기 위해서는 실물자산의 기대현금흐름과 동일한 현금흐름을 가지는 모사포트폴리오가 필요하다. 다시 말하면, 모사포트폴리오의 현금흐름과 실물자산의 현금흐름의 차이인 모사오류는 제로의 기대치를 가진다. 더구나, 적절하게 설계된 모사포트폴리오의 모사오류는 비체계적 위험을 나타낸다. 모사오류가 비체계적 위험과 제로기대가치를 가진다면, 모사오류는 제로현재가치를 가지므로 무시하여도 된다. 따라서, 모사포트폴리오가 현금흐름을 불완전하게 모사한다 할지라도 모사포트폴리오의 시장가치는 실물자산의 현금흐름을 정당하게 대변한다고 할 수 있다.

2) 모사포트폴리오에 접근

재무관리자가 평균-분산기준으로 효율적인 모사포트폴리오를 구성할 수 있다면, 가치평가는 단순한 작업이 된다. 자본자산가격결정모형이 성립된다면, 시장포트폴리오 500만 달러와 무위험자산 500만 달러로 구성된 카지노 모사포트폴리오의 현재가치는 1,000만 달러가 된다. 이 현재가치를 계산하기 위해 재무관리자는 시장기대수익, 무위험이자 또는 카지노의 기대현금흐름을 파악할 필요가 있다.

그러나 이러한 상황은 흔하지 않다. 즉, 거래되는 카지노주식을 통해 베타계수가 0.5 라고 알게 되지만 미래기대현금흐름과 시장포트폴리오의 기대수익을 산정하지 않고 어떻게 시장포트폴리오에 500만 달러 투자가 옳은가를 알 수 있겠는가?

■ **모사포트폴리오 구성:** 기대현금흐름이나 수익을 알지 않고 모사포트폴리오를 산정할 수 있는 몇 가지 방법이 있다. 첫 번째 경우는 완전하거나 거의 완전하게 모사한 경우이다. 모사오류가 제로이거나 거의 제로이라면, 모사오류는 무시하여도 되므로 장점이 될 수 있다. 재무관리자는 평균-분산기준에서 비효율적이라도 금융자산의 구성을 통해 투자를 모사할 수 있다. 이러한 접근방법은 CAPM이나 APT보다 우위

일 수 있다. 왜냐하면, 자산가격결정모형은 모사포트폴리오의 제한적 구성으로 상당한 모사오류를 생성하지만 모사오류는 제로현재가치를 전제하기 때문이다. 재무관리자는 모사포트폴리오가 최소모사오류분산를 가지고 있다고 전제하며 이 분산이 클 경우에만 접점포트폴리오(tangency portfolio)를 결정적인 모사대상으로 규정하는 자산가격결정모형에 의존할 것이다.

3) 증권시장선을 이용한 실물자산평가

모사오류가 존재하는 경우 모사포트폴리오에 구성자산의 적절한 배합은 매우 중요하다. 증권시장선을 이용하여 부적절한 배합이 문제가 되는가를 살펴 볼 수 있다.

금융자산과 같은 위험한 제로순현가투자(zero-NPV investment)의 수익은 증권시장선으로 나타낼 수 있다.

〈표 1-1〉 실물자산과 증권시장선

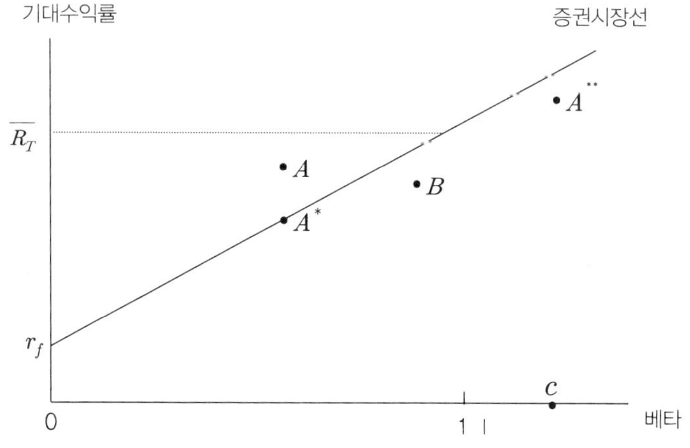

〈표 1-1〉에서 증권시장선은 위험-기대수익의 관계를 나타내 주고 있다. 양(+)의 순현가 투자안은 증권시장선의 윗 부분에 A점처럼 놓여 있다. 반대로, 음(-)의 순현가투자안은 B점처럼 증권시장선의 아래에 놓여 있다. 투자안의 기대수익은 투자비용을 기초가격으로 이용하여 계산된다. 투자비용은 투자안의 미래현금흐름의 현재가치보다 크거나 적으므로 기대수익은 증권시장선의 위나 아래에 위치하게 된다. A처럼 수익성있는 투자안은 금융시장에 매각될 경우 A*으로 이동하게 되면서 부를 창조하게 된다. 다시 말하면, 기업이 투자비용보다 큰 미래현금흐름을 금융시장에 매각하므로써 부를 창조하게 된다.

양(+)의 순현가투자안을 확인할 수 있는 방법은 투자안의 베타를 통해 이루어진다. A 투자안이 C에서 베타계수를 가지며 투자안의 기대수익이 A**이라고 잘못 인식할 수 있다면, 양(+)의 투자안은 음(-)의 투자안으로 잘못 인식될 수 있다. 반대로, 음(-)의 순현가투자안의 베타계수를 과소평가하여 불량한 투자안을 채택할 수도 있다. 따라서, 투자안의 베타를 정확하게 확인할 수 있는 방법을 이해하는 것이 매우 중요하다고 할 수 있다.

2. 위험조정할인율법

본 절에서는 실물자산의 미래현금흐름의 현재가치를 이해하는 데 가장 널리 이용되는 방법에 대해 살펴 보겠다. 이 방법은 투자안의 자본비용으로 미래기대현금흐름을 할인한다. 자본비용은 투자안과 동일한 위험을 가지는 투자안에서 요구되는 기대수익률을 말한다. 이 방법을 실행하기 위해서는 기대현금흐름, 시장기대수익 그리고 베타계수를 계산하여야 한다.

1) 베타계수를 이용한 위험조정할인율법

위험조정할인율법은 기본적으로 투자안과 동일한 사업분야에 비교기업 또는 비교기업집단이 존재하는 경우에 이용된다. 위험조정할인율법은 일반적으로 모사포트폴리오접근법과 일치하는 현재가치를 제공한다.

위험조정할인율법과 모사방법을 이해하기 위해 CAPM을 앞의 카지노 예시에 적용해 보자. CAPM에서 산출된 할인율로 1,130만 달러의 기대현금흐름을 할인하여 보자. 비교기업집단의 주식의 평균베타는 0.5로 계산된다. 카지노 현금흐름은 시장포트폴리오에 50% 그리고 무위험자산에 50% 투자된 포트폴리오로 모사되고 있다. 기대시장수익률이 0.20이고 무위험이자율이 0.06 이라면 할인율은 0.06 + 0.5 (0.20 - 0.06) = 0.13 이 된다. 따라서 기대현금흐름은 1,130 / 1.13 = 1,000 만달러가 된다.

여기에서, 미래기대현금흐름 1,130만 달러를 할인하기 위해 이용된 13% 는 모사포트폴리오의 기대수익률이다. 미래기대가치가 1,130만 달러가 되는 모사포트폴리오를 구입한다면, 현재로서는 모사포트폴리오을 구성하는 데 1,000만 달러가 소요된다. 이 모사포트폴리오는 시장포트폴리오에 500만 달러 그리고 무위험자산에 500만 달러로 구성된다. 기대현금흐름의 현재가치는 모사포트폴리오의 현금흐름을 얻는데 소요되는 비용(1,000만 달러)에 지나지 않으며, 베타계수 0.5는 시장포트폴리오에 대한 모사포트폴리오의 구성비율을 나타낸다.

3. 레버리지효과에 대한 고려

위험조정할인율은 투자안의 베타를 계산하기 위해 비교기업의 거래주식을 이용하므로 비교기업의 베타위험과 서로 비교된다는 사실은 중요하다. 투자안과 동일한 사업분야에 있다는 단순한 사실만으로 충분하지 않다. 특정한 기업의 부채조달규모는 주식베타에 심각하게 영향을 미치므로, 베타위험을 적절하게 비교하기 위해서는 기업마다 서로 다른 부채규모를 조정할 필요가 있다.

본 절에서는 레버리지로 알려진 부채조달이 주식의 베타와 표준편차에 미치는 효과에 대해 살펴 보고자 한다.

1) 자기자본기업의 대차대조표

〈표 1-2〉에서는 자기자본만으로 조달된 기업의 대차대조표를 보여주고 있다. 좌변은 자산의 상태를 나타내 주고 있고 우변은 부채와 주식의 상태를 나타내 주고 있다. 장부가치가 아닌 시장가치에 의해 대차대조표를 기술하고 있다.

〈표 1–2〉 자기자본기업의 대차대조표

자산	부채와 주식	
A	부채	0 (D=0)
	주식	E

부채가 없는 경우 A는 E와 동일하다. 즉, 자기자본기업인 경우 자산과 자본의 위험은 위험이 표준편차 또는 베타위험으로 측정되더라

도 동일하게 된다.

2) 부채기업의 대차대조표

대차대조표의 양변은 일차하여야 한다. 즉, A = D + E. 자산의 시장가치는 부채와 주식의 시장가치와 일치하여야 한다. 자산에서 발생한 현금흐름은 청구권자에게 배분되어야 한다. 주식과 부채를 모두 보유하고 있는 투자자는 자산에 의해 창출되는 모든 현금흐름을 청구할 수 있는 권리가 있다. 그러므로, 부채와 주식의 시장가치의 합은 자산의 시장가치와 일치하여야 된다.

〈표 1-3〉 부채기업의 대차대조표

자산	부채와 주식	
A	부채	D (D〉0)
	주식	E

〈표 1-3〉의 우변을 투자포트폴리오로 보면 부채의 가중치는 D/(D + E)가 되고, 주식의 가중치는 E/(D + E)가 된다. 자산위험과 주식위험의 관계에서 무위험부채인 경우 모든 위험은 주주가 가지게 된다. 즉, σ_D 와 β_D는 제로가 되기에

$$\sigma_A = \left(\frac{D}{D+E}\right)0 + \left(\frac{E}{D+E}\right)\sigma_E$$

$$\beta_A = \left(\frac{D}{D+E}\right)0 + \left(\frac{E}{D+E}\right)\beta_E \qquad (1\text{–}1)$$

주식위험에 대하여 상기 방정식을 전환하면

$$\sigma_E = \left(1 + \frac{D}{E}\right)\sigma_A \ , \quad \beta_E = \left(1 + \frac{D}{E}\right)\beta_A \tag{1-2}$$

자산은 부채와 주식의 합과 같다는 등가법칙에 의해 다음 식이 도출된다.

$$\tilde{r}_A = \left(\frac{D}{D+E}\right)\tilde{r}_D + \left(\frac{E}{D+E}\right)\tilde{r}_E \tag{1-3}$$

주식에 투자된 금액은 자산에 롱포지션(long position) 그리고 부채에 숏포지션(short position)으로 자산과 부채의 가중평균으로 고려할 수 있다. 자산에는 (1 + D/E), 부채에는 (-D/E) 하여 (식 1-3)를 $\tilde{r}_E$ 로 전개하면 다음과 같다.

$$\tilde{r}_E = \left(1 + \frac{D}{E}\right)\tilde{r}_A - \left(\frac{D}{E}\right)\tilde{r}_D \tag{1-4}$$

부채가 양(+)의 베타를 가질 경우 레버리지효과를 분석해 보면,

$$\beta_A = \left(\frac{D}{D+E}\right)\beta_D + \left(\frac{E}{D+E}\right)\beta_E$$

$$\beta_E = \left(1 + \frac{D}{E}\right)\beta_A - \left(\frac{D}{E}\right)\beta_D \tag{1-5}$$

3) 위험조정할인율법의 비교기업에 적용

특정한 투자안과 비교기업의 재무구조가 다르다면, 비교기업의 베타를 부채비율의 차이에 대해 조정할 필요가 있다. 이러한 조정은 복잡한 과정을 거치며 특히 법인세를 고려할 경우에는 더욱 그렇다.

■ 법인세를 고려하지 않을 경우

예 1-1 매리어트 호텔은 식품사업본부와 유사한 3개의 기업을 비교하고 있다. 비교기업의 베타계수(β_E), 부채의 장부가치(D), 주식의 시장가치(E)는 아래 표와 같다.

	β_E	D (억달러)	E (억달러)
기업 A	0.75	0.04	0.96
기업 B	1.00	23	77
기업 C	1.08	2.10	7.90

무위험이자율은 4%, 시장위험프레미엄은 8.4%로 가정하자. 비교기입의 부채는 무위험이며 CAPM은 성립된다고 가정한다. 매리어트호텔 식품부의 자기자본비용을 계산해 보면,

답 (식 1-1)을 이용하여, $\beta_A = \frac{E}{D+E}\beta_E$, 3개 비교기업의 자산베타는 다음과 같다.

	β_A
기업 A	$0.72 = \frac{0.96}{1} \times 0.75$
기업 B	$0.77 = \frac{77}{100} \times 1.00$
기업 C	$0.85 = \frac{7.9}{10} \times 1.08$
매리어트	$0.78 = \frac{0.72 + 0.77 + 0.85}{3}$

CAPM을 이용하여 매리어트호텔 식품부의 베타계수 0.78은 10.55%의 자본비용을 제시한다.

$$0.1055 = 0.04 + 0.78\,(0.084)$$

β_E가 양(+)이면, 베타와 기대수익은 부채가 증가함에 따라 증가한다. 위험조정할인율에 의해 할인된 현금흐름은 투자안의 이자가 공제되지 않은 자산에서 창출된 현금흐름이다. 따라서, 부채를 이용하는 비교기업의 주식에 귀속되는 현금흐름을 할인하기 위해 이용된 할인율로 현금흐름을 할인하는 것은 부적절하다고 하겠다.

상기 예에서는 베타에 E/(D + E)를 곱하여 비교기업의 부채와 주식의 포트폴리오의 베타를 확인하고 있다. 자산은 부채와 주식의 합이므로, 포트폴리오베타는 자산의 현금흐름에 대한 적절한 할인율을 창출하는 자산베타가 된다.

베타에서 부채부분을 제거하기 위한 대안으로 CAPM에 근거하여 비교기업의 기대수익을 계산할 수 있다.

$$\bar{r} = \left(\frac{D}{D+E}\right)\bar{r}_D + \left(\frac{E}{D+E}\right)\bar{r}_E$$

▪ **비교기업의 베타에 대한 가중치:** 상기 예에서는 매리어트호텔 식품부의 베타를 산출하기 위해 3개 비교기업의 베타의 평균치를 이용하였다. 만일 개별비교기업이 매리어트호텔 식품부의 베타에 대해 동일하게 유효한 측정치를 제시한다면 3개 기업의 베타평균치는 적절할 것이다. 그러나, 특정기업이 다른 기업보다 유사성을 더 가진다면 이 기업의 가중치는 증가하여야 될 것이다.

4) 배당할인모형

자본자산가격결정모형(CAPM) 또는 차익거래가격결정모형(APT)은 위험조정할인율을 결정하는 데 가장 널리 이용되는 모형이다. 그러나 두 모형은 실제 적용에 있어 주요변수의 측정치를 산출하는 데 어려움이 있어 비판을 받아 왔다. 특히, CAPM은 특정한 투자안과 시장포트폴리오의 수익의 공분산뿐만 아니라 시장포트폴리오의 기대수익률에 대한 측정치를 요구하고 있다. APT 역시 다요인의 민감도뿐만 아니라 다요인포트폴리오의 기대수익률을 요구하는 어려움을 가지고 있다.

▪ **배당할인모형:** 재무분석가는 필수수익률을 미래이익예상치를 이용하여 산출하고 있다. 배당금이 일정한 비율로 성장할 경우, Gordon성장모형(1962)은 기업의 주식을 다음과 같이 평가하고 있다.

$$S_0 = \frac{d}{(\bar{r}_E - g)} \tag{1-6}$$

여기에서, S_0 현재주가
d 1년후 주당 기대배당금
$\bar{r}_E$ 주식의 필수수익률
g 배당금의 기대성장률

(식 1-6)는 항상성장모형의 적용이며, 주식의 기대수익률로 전개하면 성장률과 배당수익률의 합으로 표시할 수 있다.

$$\bar{r}_E = g + \frac{d}{S_0} \tag{1–7}$$

■ **배당금의 기대성장률:** 이익의 성장률에 대한 예측은 배당금의 성장률에 대한 예측을 가능하게 한다. 이익의 일정부분을 배당금으로 지급한다는 가정에서, 배당금의 기대성장률은 이익의 예측성장률에 해당된다고 할 수 있다. 이러한 성장률은 주식의 기대수익률을 도출하기 위해 현재배당수익률에 덧붙일 수 있다.

배당금의 기대성장률을 계산하는 또다른 방법은 회계적 자료를 이용하는 방법인 데 다음과 같다.

$$g = b \times ROE \tag{1-8}$$

여기에서, b 내부유보율
ROE 자기자본이익률

자기자본이익률(ROE)는 기업의 투자자본의 성장률을 나타낸다. 자기자본이익률이 10% 이라면, 투자한 1 달러에 대해 1년 후에 0.10 달러의 이익 또는 1.10달러의 수익이 발생한다고 말할 수 있다. 1.10 달러가 다시 재투자된다면, 1년 후에는 다시 1.21 달러의 수익으로 성장한다는 것을 의미한다. 그러나, 기업이 이익의 75%를 배당금으로 지급한다면, 자본은 오직(1 − 0.75)(0.10) = 0.025만 성장한다고 할 수 있다. 따라서, 기업의 이익의 특정한 부분을 배당금으로 지급하는 것은 재투자금액의 성장률을 감소시킨다. 더구나, 이익과 배당금은 재투자금액의 일정한 부분이므로 이익과 배당금의 성장률은 투자금액의 성장률과 동일할 것이다.

■ **배당할인모형의 가정과 단점:** (식 1-6)에서는 신규투자수익 대신 장부가치에 의한 주식수익을 이용한다. 그러나 기존자산과 신규투자가 서로 다른 수익을 가진다면, 내부수익률법에서 자기자본이익률은 신규자산투자에 대한 장부가치에 의한 주식수익이어야 한다. 투자안이 양(+)의 순현가투자안이라면, 장부가치에 의한 주식수익은 투자안의 자본비용을 초과할 것이다. 배당할인모형에서 자본비용에 대한 측정치에 대한 묵시적 가정은 다음과 같다.

- 이익성장추정치는 이익성장률을 과대평가하거나 과소평가하지 않기 때문에 편의(bias)가 없다.
- 이익성장추정치는 투자가가 주식평가에 이용하는 동일한 정보에 근거하고 있다.
- 이익과 배당금은 항상 일정하게 성장한다.

이러한 가정이 성립한다면 배당할인모형은 CAPM이나 APT보다 주식이나 투자안의 기대수익률에 대해 보다 좋은 측정치를 제공할 것이다. 왜냐하면, 베타계수, 시장포트폴리오 또는 요인포트폴리오를 요구하지 않기 때문이다. 그러나, 상기 가정은 특히 항상성장률에 대한 가정에 한계가 있으며, 많은 기업이나 투자의 평가에 적용하기가 어려운 현실이다.

5) 비교기업이 존재하지 않는 경우

대부분 기업은 다수의 사업부문을 가지고 있는 다양하게 분산된 조직이다. 비교기업의 주식수익은 서로 다른 사업특성으로 왜곡될 수 있으며, 단일사업분야를 나타내는 단일투자안에 대한 비교기업으로 이용되기 어려운 경우가 있다. 이러한 경우, 재무관리자는 단순한 사업특성을 생성하는 기업포트폴리오를 구성하여 적절한 비교를 할 수 있다. 아래 예에서 비교기업이 존재하지 않을 경우 비교투자를 할 수 있는 방법을 제시하고 있다.

예 1-2 기업포트폴리오에 의한 비교기업 확인

AOL-Time은 Disney로부터 ABC방송국을 취득하는 데 관심을 가지고 있다고 가정해 보자. ABC방송국을 취득하므로써 증가되는 미래현금흐름을 추정하고, 할인율을 계산하기 위해 베타계수를 계산하려 한다. 두 주요방송국인 NBC와 CBS는 GE와 Viacom이 소유하고 있으며 다른 사업분야에서 상당한 현금흐름을 창출하고 있다. 비교기업의 자료는 다음과 같다.

	β_E	$\frac{D}{D+E}$	$\frac{\text{방송자산}}{\text{총자산}}=\frac{N}{A}$
GE	1.1	0.1	0.25
Viacom	1.3	0.4	0.50

ABC방송국의 적절한 베타계수를 계산해 보라. 비교기업의 부채는 무위험이며, GE와 Viacom의 비방송국자산은 유사하며 동일한 베타계

수를 가지고 있다고 가정하자.

답 (식 1-1)를 이용하여 두 비교기업의 자산베타를 계산한다.

	β_A
GE	0.99 = (0.9)(1.1)
Viacom	0.78 = (0.6)(1.3)

비교기업을 방송자산과 비방송자산의 포트폴리오로 간주하여 포트폴리오의 베타를 구성자산의 가중평균치로 계산한다.

$$\beta_A = \frac{N}{A} \times (\text{방송자산베타}) + \frac{A-N}{A}(\text{비방송자산베타})$$

$$\text{GE : } 0.99 = (0.25)\beta_{\text{방송자산}} + 0.75\ \beta_{\text{비방송자산}}$$

$$\text{Viacom: } 0.78 = (0.5)\ \beta_{\text{방송자산}} + 0.5\ \beta_{\text{비방송자산}}$$

$$\therefore\ \beta_{\text{방송자산}} = 0.36$$

기업이 다수의 사업본부를 가지고 있다면 포트폴리오의 선형방정식으로 개별사업본부의 개별적 베다를 측정할 수 있을 것이다.

4. 비교기업 이용

1) 투자안베타와 기업베타

대부분 기업은 특정한 투자안을 평가하기 위한 할인율로 자기기업의 자본비용을 이용한다. 만약 신흥지역에 있는 현대백화점의 가치를 평가한다고 가정해 보자. 각지에 산재해 있는 현대백화점은 다른 지역 현대백화점의 운영방식과 매우 유사하게 운영되고 있다. 따라서, 개별 현대백화점의 위험은 본사 (주)현대의 총위험과 일치할 것이다. 그러므로 (주)현대 본사의 자본비용은 신흥지역 현대소매백화점의 개설여부를 평가하기 위한 할인율로 이용될 수 있다.

그러나, 대부분 경우 신규투자안을 평가하기 위한 할인율로 기업의 자본비용을 이용하는 것은 부적절하다. 신규투자안은 회사의 기존투자안보다 높은 베타를 가지고 있다. 투자안이 초기에 많은 연구개발비나 높은 영업레버리지를 요구한다면 높은 베타를 가지게 된다. 반대로, 신규투자안은 기존투자안보다 위험이 적거나 기업평균보다 높은 부채비율을 가질 수 있다. 따라서, 신규투자안이 기존보다 낮은 자본비용을 이용하고 있다고 주장할 수도 있다. 그러나, 신규산업에서 기업의 시장가치는 기존투자와 수익성이 있는 신규투자안을 개발할 수 있는 기업의 능력에 달려 있다. 따라서, 기업의 능력에 대한 할인율이 특정한 투자안의 할인율이 되어야 된다는 이유는 없다고 하겠다.

2) 성장기회와 베타

기업의 가치가 신규투자안을 개발할 수 있는 인지된 능력-성장기회(growth opportunities) 또는 성장옵션(growth options)-에 의해 창출될 때, 이 성장기회를 투자안에 대한 비교기업으로 이용하는 데는 주의를 하여야 한다. 예를 들어, E-Mart의 자산가치는 현재점포의 시장가치와 미래개설할 점포의 시장가치의 합으로 고려할 수 있다. 새로운 점포를 열기 위한 옵션인 성장옵션은 호황에서는 매우 큰 가치가 있으며 내재적 레버리지를 가지고 있기 때문에 베타를 증가시키며 큰 체계적인 위험을 포함하고 있다. 따라서, 개별투자안은 기업의 총위험과 다를 수 있다. 왜냐하면 개별투자안은 기업주가에 내재되어 있는 성장옵션이 부족하기 때문이다.

성장옵션을 위해 비교기업의 위험을 조정할 수 있는 규칙은 없다. 가격-이익비율이나 주식의 시장가치-장부가치비율이 높은 기업은 성장옵션의 가치가 매우 크다. 그러나, 성장옵션의 체계적 위험은 성장옵션이 국민경제의 상태와 얼마나 관련이 있느냐에 달려 있다. 국민경제의 상태와 크게 관련되어 있을수록 성장옵션의 위험은 증가한다.

3) 다기간 위험조정할인율

실제로 모든 투자안은 다기간에 걸쳐 현금흐름을 창출한다. 전통적으로, 다기간 가치평가는 단일기간 분석의 단순한 연장으로 고려되어 왔다.

■ **실무자의 접근방법:** 다기간에 걸친 현금흐름을 평가하기 위해 실무자는 다음과 같은 방법을 이용하여 왔다.

1. 일별, 주별주가수익률의 역사적 자료를 이용하여 비교기업의 베타를 계산한다.
2. CAPM이나 APT와 같은 자산가격결정모형을 통해 위험에 상응하는 기대수익률을 계산한다.
3. 부채비율과 세금을 조정하여 자본비용을 계산한다.
4. 자본비용을 단일기간에 대한 단일할인율로 이용한다.

예 1-3 단일기간 자본비용을 다기간 현금흐름에 적용

앞에 제시한 매리어트호텔 식품부의 예는 3개 비교기업을 이용하여 연 10.55%의 자본비용을 산출하였다. 매리어트호텔 식품부는 500만 달러의 현금흐름을 가지며 연 5% 영구히 성장한다고 가정한다면, 매리어트호텔은 식품부를 얼마에 매각할 수 있는가?

답 연 10.55%의 위험조정할인율을 이용한 현재가치는 다음과 같다.

$$PV = \frac{500}{1.1055} + \frac{500(1.05)}{1.1055^2} + \frac{500(1.05)^2}{1.1055^3} + \cdots$$

등비급수에 의해 식품부 현재가치는,

$$PV = \frac{500}{0.1055 - 0.05} = 9009\text{만 달러}$$

■ **실무자 접근법에 단점:** 미래기대현금흐름에 단일할인율의 이용은 매기간 개별현금흐름에 서로 다른 할인율을 이용하는 것보다 간단하기 때문에 분석가들에게 널리 이용되어 왔다. 그러나, 대체로 단일자본비용은 현금흐름을 잘못 평가하는 경향이 있다.

심지어 현금흐름이 확실할 경우에도 오류는 발생할 수 있다. 앞서 서로 다른 연도의 현금흐름은 서로 다른 할인율로 할인하여야 된다고 강조하였다. 예를 들어, 2005년에 만기인 채무불이행위험이 없는 무이표채(zero-coupon bond)가 7%로 할인되면 2005년에 발생하는 현금흐름은 7%로 할인되어야 할 것이다. 마찬가지로, 2010년에 만기인 채무불이행위험이 없는 무이표채가 9%로 할인된다면 2010년에 발생하는

현금흐름은 9%로 할인되어야 할 것이다. 따라서 분석가가 8%의 단일 할인율을 적용한다면, 먼 장래 현금흐름은 과대평가되지만 가까운 미래 현금흐름은 과소평가될 것이다. 즉, 어떤 미래현금흐름은 음(-)이고, 다른 현금흐름은 양(+)이라면 평가오류는 매우 클 것이다.

위험투자안의 경우에도 마찬가지다. 매리어트호텔의 경우 식품부가 모사포트폴리오와 동일한 기대치와 시장위험을 가진다면 비교기업의 기대수익률 10.55 %를 이용할 수 있다.

4) 비교기업이 존재하지 않는 경우

베타위험을 확인하기 위해 비교기업에 의존하는 방법은 실제 유사자산이 존재한다면 가능하다. 그러나 특정한 실물자산의 경우, 모사포트폴리오를 구성하기 위해 적절한 유사기업을 찾지 못할 수 있다. 이러한 경우, 베타위험은 시나리오방식으로 투자안의 현금흐름을 추정할 수 있으며, 각 시나리오는 접점포트폴리오수익과의 관련성에 의존하고 있다.

■ **시나리오방법:** 아래 예는 시나리오로 베타를 예측하기 위한 방법을 보여 주고 있는데 여기에도 단점을 지니고 있다.

예 1-4 시나리오에 의한 베타예측

Edonis Travel Agency는 1대당 1만 달러하는 새로운 비행기예약컴퓨터를 10대 구입하므로써 발생하는 다음 해 현금흐름의 현재가치를 예측하려 한다. 신규 컴퓨터는 현재 컴퓨터보다 속도가 빠르기에 예약수가 증가될 것을 기대하고 있다. 예약능력의 증가로 인한 현금흐름의 증가는 1년으로 가정한다. 예약증가의 규모는 경제상황에 의존하고 있다. 아래 표는 세 가지 경제상황에 따른 시나리오를 보여 주고 있다.

경제상황	확률	시장수익률	현금흐름증분($)	컴퓨터수익률
회복	$\frac{3}{4}$	0.25	150,000	$0.50 = \frac{150{,}000 - 100{,}000}{100{,}000}$
후퇴	$\frac{3}{16}$	−0.01	35,000	$-0.65 = \frac{35{,}000 - 100{,}000}{100{,}000}$
불황	$\frac{1}{16}$	−0.15	5,000	$0.95 = \frac{5{,}000 - 100{,}000}{100{,}000}$

다음 해 무위험이자율이 8.625%라면 지금부터 1년동안 추가적으로 발생하는 현금흐름의 현재가치는 얼마인가?

답 시장포트폴리오 기대수익률은

$$0.17625 = \frac{3}{4}(0.25) + \frac{3}{16}(-0.01) + \frac{1}{16}(-0.15)$$

시장수익률의 분산은

$$0.01723 = \frac{3}{4}(0.25 - 0.1762)^2 + \frac{3}{16}(-0.01 - 0.17625)^2 + \frac{1}{16}(-0.15 - 0.17625)^2$$

현금흐름증분의 기대수익률은

$$0.19375 = \frac{3}{4}(0.50) + \frac{3}{16}(-0.65) + \frac{1}{16}(-0.95)$$

시장포트폴리오의 수익과 현금흐름수익의 공분산은

$$0.0697 = \frac{3}{4}(0.5-0).19375)(0.25-0.17625)$$
$$+\frac{3}{16}(-0.65-0.19375)(-0.1-0.17625)$$
$$+\frac{1}{16}(-0.95-0.19375)(-0.15-0.17625)$$

이것은 수익베타를 산출한다.

$$4.045 = \frac{0.0697}{0.017236}$$

\$100,000의 비용으로 19.375%의 수익을 올리고 기대현금흐름은

$$\$119,375 = \$100,000\,(1+0.19375)$$

따라서 위험조정할인율의 등식은

$$PV = \frac{\$119,375}{1+0.08625+4.045(0.17625-0.08625)} = \$82,311$$

가 된다.

(예 1-4)에서 새로운 컴퓨터시스템의 채택은 음(-)의 순현가투자안을 창출하고 있다. 왜냐하면 100,000 달러의 비용은 82,311 달러의 이익을 초과하기 때문이다. 이 예는 투자안의 채택과 기각의 결정을 베타측정치에 근거하고 있다. 그러나 이러한 베타는 진정한 측정치가 아니다. 아래에서 논의하듯이 진정한 베타는 투자안수익의 베타보다 낮기 때문이다.

■ **왜 수익베타가 투자안에 대한 진정한 베타가 아닌가?:** (예 1-4)에서 계산된 베타는 100,000 달러 보다 낮은 투자안의 현재가치와 동등한 기본가격을 가지는 대신에 100,000 달러의 기본가격으로 계산되었기 때문에 진정한 베타는 아니다. 베타와 기대수익과 관계를 나타내는 증권시장선은 제로순현가의 투자안인 금융자산의 수익과 나아가 제로순현가의 모든 실물자산의 수익에 대해 성립된다.

투자안수익의 시나리오로 베타를 계산하는 대신, Edonis Travel

Agency 투자안의 현금흐름을 완전하게 모사하는 금융증권의 포트폴리오를 이용하여 베타를 계산해 보자. (예 1-4)에서는 비교기업이 존재하지 않으므로, 시나리오에 의해 베타를 계산하였다. 그러나 비교기업이 존재한다면, 베타계산은 또다른 의미를 제시해 준다.

Edonis Travel Agency 투자안은 음(-)의 순현가를 갖지만, 가상의 비교기업에 의한 모사포트폴리오는 제로순현가를 가진다. 투자안이 음(-)의 순현가를 가진다는 사실을 나타내기 위해 모사비용은 100,000 달러보다 적어야 한다. 따라서 (예 1-4)의 세 가지 시나리오에서 모사포트폴리오의 총수익률은 수익률에 100%를 더한 것이 되어야 하고 투자안의 총수익률보다 더 커야만 할 것이다.

〈표 1-4〉 투자안의 총수익과 모사포트폴리오

경제상황	확률	투자안수익 + 100%	모사포트폴리오수익 + 100%
회복	$\frac{3}{4}$	$150\% = \frac{150,000}{100,000}$	$\frac{150,000}{PV}$
후퇴	$\frac{3}{16}$	$35\% = \frac{35,000}{100,000}$	$\frac{35,000}{PV}$
불황	$\frac{1}{16}$	$5\% = \frac{5,000}{100,000}$	$\frac{5,000}{PV}$

Edonis Travel Agency의 경우 기초투자액, $-C_0 = 100,000$ 달러이다. 세 시나리오의 총수익률은 다음과 같이 표현된다.

$$\frac{PV}{-C_0} \times (\text{모사포트폴리오의 총수익률})$$

$PV/-C_0$는 확률지수로서 1보다 작기 때문에 모사포트폴리오의 총수익은 대규모이고 투자안의 총수익보다 큰 베타를 가질 것이다.

투자안의 잘못 계산된 베타 나아가 잘못 계산된 현재가치는 실물투자의 채택여부에 대한 결정을 변경하지는 않기 때문에 큰 문제가 안 될 수 있다. 그러나, 너무 낮은 음(-)의 순현가투자안의 베타와 너무 높은 양(+)의 순현가투자안의 베타를 수정하지 않는다면, 상호배타적 투자안에 대해 잘못된 자본배분결정이 이루어질 수 있다.

■ **정확한 베타와 현재가치의 특성:** 베타와 현재가치를 정확하게 계산하는 방법은 분명하지는 않다. 예를 들어 수익과 베타를 계산하기 위한 기초자료로 (예 1-4)의 82,311 달러의 현재가치를 이용하면 될 것이라고 생각할 수 있다. 그러나 이 현재가치는 여전히 투자안의 진정한 현재가치보다 높기 때문에 기초자료로 부적절하다. 또한 정확한 베타와 현재가치를 산출하기 위해 제수(divisor)로 이용될 수 있는 확률지수는 우선 정확한 현재가치의 값을 요구하고 있다.

■ **상호배타적 투자안:** 비교기업이 동일한 사업분야에 존재하지 않는다면 위험조정할인율을 계산하기 위해 시나리오에 의존하게 된다. 앞서 투자안베타는 투자안수익성지수, $PV/-C_0$와 동일한 요인에 의해 부적절하게 평가된다고 밝힌 바 있다. 일련의 상호배타적인 투자안 가운데에서 잘못된 선택을 할 수 있다. 아래 예제는 이를 설명해 주고 있다.

예 1-5 상호배타적 투자안에서 시나리오에 의한 위험조정할인율을 적용하는 데 문제점

(예 1-4)에서 논의했던 Edonis Travel Agency는 이 새로운 컴퓨터를 위해서 두 가지의 소프트웨어 예약시스템을 평가하고 있다. 첫 대

안은 U Airlines에서 공급되는 것이고, 다른 대안은 A Airlines에서 공급되어진다. 두 예약시스템은 양(+)의 순현가를 가지고 있고 수익성지수도 1 이상이며, 향후 1년간 40,000 달러 미래기대현금흐름을 가지고 있다. 또한, U Airlines시스템의 베타는 1인 반면, A Airlines 시스템의 베타는 1.5 이다. 초기비용이 A시스템은 16,555 달러, 반면 U 시스템은 17,679.56 달러이다. CAPM은 성립되며 무위험이자율은 8.625%이고 시장위험프리미엄이 9%으로 가정한다. 본사에서는 U 시스템이 높은 순현가를 가질 것이라고 생각하며, 위험조정할인율 등식에 의한 U시스템의 순현가는 다음과 같다.

$$\$\,16,000 = \frac{\$\,40,000}{1+.08625+(1).09} - \$\,17,679.56$$

A 시스템의 순현가는 다음과 같다.

$$\$\,16,198 = \frac{\$\,40,000}{1+.08625+(1.5).09} - \$\,16,555.43$$

이러한 분석은 정확한 것인가?

답 U Airlines 예약컴퓨터시스템이 2.0의 수익성지수를 가지고 A Airlines 시스템이 2.1의 수익성지수를 가진다고 하자. 두 시스템의 계산된 베타는 너무 높은 편이다. 진정한 베타는 U 시스템이 0.5(=1/2), A 시스템이 0.7143(=1.5/2.1)의 베타를 가진다. 따라서 U 시스템의 진정한 현재가치는

$$\$\,17,680 = \frac{\$\,40,000}{1+.08625+(.5).09} - \$\,17,679.56$$이고

A 시스템의 현재가치는

$$\$18,211 = \frac{\$40,000}{1+.08625+(.7143).09} - \$16,555.43\text{이다}$$

본사의 예측과 달리 A 시스템은 수익성지수의 가정이 옳다면 더 큰 순현가를 가진다. 두 시스템의 수익성지수 2.0, 2.1는 진정한 수익성지수와 일치하기에 옳은 추정치로 밝혀졌다.

복수의 상호배타적 투자안에서는 순현가가 가장 큰 투자안을 선택하여야 한다. 그러나 양의 순현가투자안의 현재가치가 왜곡되는 방식은 진정한 현재가치와 투자안의 기초비용의 복잡한 함수관계로 나타난다고 하겠다. 따라서 순진한 경영자가 위험조정할인율법을 이용하여 (예 1-5)와 같은 결과를 가질 수 있는 사실은 놀라운 일이 아니다.

5. 시나리오에 의한 베타계산: 확실성등가법

(예 1-5)에서는 위험조정할인율법에 의한 시나리오를 이용하는 데 문제점을 제시하여 주고 있다. 실제로 재무관리자는 투자안이 상호배타적이거나 모사포트폴리오를 구성할 경우 상당한 어려움을 직면하게 된다. 재무관리자는 투자안을 제로순현가투자로 만드는 기초원가를 이용하여 베타를 계산하지 않는다면 진정한 현재가치를 알 수가 없다. 본 절에서 이러한 상황에서 문제를 해결할 수 있는 방법을 제시한다. 또한 이 방법은 현재가치가 기대현금흐름과 동일한 부호를 갖지 않더라도 적용할 수 있을 것이다.

1) 확실성등가법의 의미

확실성등가법은 위험조정할인율법과 밀접하게 관련이 있다. 그러나 위험조정할인율법은 기대현금흐름을 위험조정할인율로 할인하는 반면, 확실성등가법은 확실한 현금흐름을 무위험이자율로 할인하고 있다.

확실성등가현금흐름을 이해하기 위해서는 경제상황에 따라 100 달러, 200 달러, 300 달러를 지급하는 투자안을 고려해 보자. 세 가지 경제상황이 동일한 발생가능성을 가지고 있다면, 기대현금흐름은 200 달러가 된다. 동일한 200 달러의 보상이라 할지라도 확실한 상황에서 200 달러를 지급하는 투자안이 선호될 것이다. 다시 말하면, 이 투자안의 확실성등가현금흐름은 200 달러보다 적다. 반대로, 이 위험스러운 투자안은 100 달러를 보장하는 투자안보다는 더 가치가 있을 것이다. 확실성등가현금흐름은 경영자가 확실한 현금흐름과 위험한 현금흐름의 선택은 무관심하게 만드는 100 달러와 200 달러사이의 특정한 값을 가지게 된다. 미래 t시점에 지불하는 위험현금흐름의 확실성등가는 위험현금흐름과 동일한 현재가치를 가지는 t시점에 지불되는 무위험현금흐름이다.

확실성등가현금흐름의 현재가치을 산출하는 방법은 간단하다. 적절한 무위험이자율로 확실성등가현금흐름을 할인하면 되는 것이다. 확실성등가법은 먼저 미래현금흐름의 확실성등가를 산출한 다음, 무위험이자율로 현재시점으로 확실성등가를 할인하는 것이다.

위험조정할인율법과 확실성등가법의 차이는 위험조정의 문제에서 발생한다. 현금흐름의 현재가치는 현금흐름을 (1 + 할인율)로 할인하므로써 산출할 수 있다. 확실성등가법에서는 분자는 위험을 조정한 확실성등가현금흐름이고 분모는 무위험이자율이며, 위험조정할인율법은 분자가 기대현금흐름이고 분모는 위험조정이자율이다. 분자이든 분모이든 현재가치를 표현하는 데 위험을 조정하기에 적절하기 때문에 두 방법 모두 타당성이 있다.

2) 위험수익모형에서 확실성등가법

불확실한 미래현금흐름 $\widetilde{C}$의 확실성등가 $CE(\widetilde{C})$는 기대현금흐름 $E(\widetilde{C})$으로 나타내면 위험-기대수익모형으로부터 확실성등가는 아래와 같이 나타낼 수 있다.

확실성등가를 얻기 위해서는 기대현금흐름으로부터 현금흐름베타와 모사포트폴리오위험프레미엄의 곱을 차감하여야 한다. 즉,

$$CE(\widetilde{C}) = E(\widetilde{C}) - b(\overline{R}_T - r_f)$$

여기에서, $b = \frac{\mathrm{cov}(\widetilde{C}, \widetilde{R}_T)}{\sigma^2{}_T}$

■ **현금흐름베타:** 현금흐름베타는 미래현금흐름의 공분산을 접점포트폴리오수익의 분산으로 나눈 것이다. 즉,

$$b = \frac{cov(\widetilde{C}, \widetilde{R}_T)}{\sigma_T^2}$$

위험측정치는 가능한 최적미래현금흐름을 모사하여야 되는 접점포트폴리오의 크기로 표시된다. 수익베타(β)와는 반대로 현금흐름베타(b)는 시나리오를 형성한 후에 직접적으로 계산되어질 수 있다. 이러한 현

금흐름베타는 현재가치에 사전적 지식을 요구하지 않으므로, 확실성등가는 시나리오의 수익과 현금흐름의 예측이 위험측정치를 생성할 수 있는 유일한 방법일 경우 현재가치를 측정할 수 있는 유용한 도구가 된다.

■ **확실성등가현재가치법:** 이 방법은 현재가치를 얻기 위해 무위험이자율로 확실성등가를 할인한다. 차기 현금흐름의 현재가치는 (1) 기대현금흐름 $E(\widetilde{C})$과 미래현금흐름베타(b)를 계산하고, (2) 기대미래현금흐름에서 베타와 접점포트폴리오 위험프리미엄의 곱을 차감한 다음, (3) (1 + 무위험이자율)로 나누어 계산된다.

$$PV = \frac{E(\widetilde{C}) - b(\overline{R}_T - r_f)}{1 + r_f}$$

확실성등가현재가치법은 위험프레미엄과 화폐의 시간가치를 조정한다. 순현가를 계산하기 위해서는 현재가치에서 투자안의 기초비용 $-C_0$를 차감한다.

현금흐름베타(b)는 접점포트폴리오내의 모사포트폴리오의 투자분을 의미한다. 접점포트폴리오는 위험때문에 초과기대수익을 얻게된다. 세부적으로 말하면 $\overline{R}_T - r_f$는 접점포트폴리오에 투자되는 단위금액당 벌어들이는 미래부가가치의 크기를 의미한다. 접점포트폴리오내의 b 달러의 투자 때문에 투자안의 체계적 위험으로부터 발생하는 부가적인 기대현금흐름은 다음과 같다.

$$b(\overline{R}_f - r_f)$$

따라서 기대현금흐름 $E(\widetilde{C})$에서 $b(\overline{R}_T - r_f)$의 차감은 투자안이 제

로현금흐름베타를 가질 경우 또는 미래현금흐름이 무위험인 경우 발생되는 현금흐름을 의미한다.

3) CAPM, 시나리오 및 확실성등가법

앞 절에서 시나리오가 현금흐름베타와 확실성등가법에서 현재가치를 확인할 수 있는 방법을 제공한다고 설명했다. (예 1-6)은 시장포트폴리오가 접점포트폴리오라고 가정할 경우 시나리오방법을 실행하는 과정을 설명하고 있다.

예 1-6 확실성등가법에 의한 현재가치

Edonis Travel Agency가 10개의 항공기예약컴퓨터를 새로 구입할 경우 발생하는 현금흐름의 현재가치를 예측해 보려 한다. 신규컴퓨터는 기존컴퓨터보다 빠르며, 예약건수의 증가도 기대하고 있다. 예약능력의 증가에 따른 추가적 현금흐름을 지금부터 1년간 받을 수 있다고 가정하자. 예약증가의 규모는 경제상황에 따라 결정되어지며 다음 해는 세 가지 경제상황이 예측되고 있다.

경제상황	확률	시상수익률	현금흐름증분
회복	$\frac{3}{4}$	0.25	$150,000
쇠퇴	$\frac{3}{16}$	−0.01	35,000
침체	$\frac{1}{16}$	−0.015	5,000

다음 해 무위험이자율은 8.625%이고, CAPM은 성립된다는 전제에서 향후 1년 추가적 현금흐름의 현재가치는 얼마인가?

답 시장포트폴리오의 위험프리미엄은

$$R_M - r_f = \frac{3}{4}(0.25) + \frac{3}{16}(-0.01) + \frac{1}{16}(-0.15) - 0.08625 = 0.09$$

반면, 시장수익률의 분산은 0.0172이고 기대현금흐름은

$$119{,}375 = \frac{3}{4}(150{,}000) + \frac{3}{16}(35{,}000) + \frac{1}{16}(5{,}000) \text{ 이고}$$

시장포트폴리오의 수익과 함께 현금흐름의 공분산은

$$\mathrm{Cov}(\widetilde{\mathrm{C}}, \widetilde{\mathrm{R}}_{\mathrm{m}}) = \$1{,}000\left[\frac{3}{4}(150)(0.25) + \frac{3}{16}(35)(-0.01) + \frac{1}{16}(5)(-0.15)\right]$$
$$-(\$119{,}375)(0.17625) = \$28{,}0125 - \$21{,}039.84 = \$6{,}972.65$$

이것은 $\frac{\$6{,}972.65}{0.0172}$의 현금흐름을 발생시키고 이 가치는 확실성등가식으로 대치된다.

$$PV = \frac{\$119{,}375 - \left[\frac{\$6{,}972.65}{0.0172}\right](0.09)}{1 + 0.0862} = \$76{,}379$$

(예 1-6)은 (예 1-5)와 동일한 자료를 위험조정할인율법에 이용하고 있다. 여기서 82,311 달러의 Edonis Travel 컴퓨터 현금흐름에 대한 현재가치를 잘못 계산했음을 발견할 수 있다. 음(-)의 순현가투자안가 수익베타를 과소평가하였기에 82,311 달러는 너무 높게 평가되었다. (예 1-6)은 확실성등가법이 진정한 현재가치 76,379 달러로 나타난다

고 설명하고 있다.

4) 확실성등가법과 모사포트폴리오접근법의 관계

앞서 언급한 카지노의 예시에서 1,130만 달러의 기대현금흐름이 1,000만 달러의 현재가치로 계산되고 있다. 카지노에 대한 모사포트폴리오는 위험프레미엄이 14%인 시장포트폴리오에 500만 달러와 6% 이자율의 무위험자산에 500만 달러로 구성되어 있다. 앞에서 논의한 대로 접점포트폴리오에 투자한 금액은 현금흐름베타(b)에 달려 있다. 따라서 카지노의 현금흐름베타는 500만 달러이다. 이 확실성등가식에 현금흐름베타를 이용하여 1,130만달러−500만달러×0.14=1,060만달러의 확실성등가를, 그리고 현금가치는 1,000만 달러(=1,060/ 1.06)가 된다. 실제로, 시나리오접근법에 의해 500만 달러의 현금흐름베타를 얻은 다음, 시장포트폴리오에 투자된 모사포트폴리오의 금액으로 현금흐름베타를 인식한다. 가능한 유사하게 모사하기 위해서는 금융증권의 모사포트폴리오로부터의 기대현금흐름이 카지노의 기대현금흐름과 동일하여야 한다. 모사포트폴리오를 유도하기 위해서는 카지노의 기대현금흐름이 1,130만 달러라는 사실을 파악하는 것이 중요하다. 시장포트폴리오에 투자된 500만 달러와 무위험자산 투자 x는 1,130만 달러의 미래기대현금흐름을 창출할 것이다. x값을 구하면,

$$11,300,00 = x(1.06) + 5,000,000(1.2)$$

$$x = 5,000,000$$

확실성등가법은 모사포트폴리오접근법과 동일한 현재가치를 제공하다. 실제로, 확실성등가법은 현금흐름베타 b가 시장포트폴리오에

투자된 모사포트폴리오의 금액이라는 사실을 보여 주듯이 모사포트폴리오접근법에서 유도되었다고 하겠다.

6. 무위험시나리오에서 확실성등가 산출

확실성등가법에 위한 CAPM과 APT의 적용은 평가된 투자안의 현금흐름을 모사하는 포트폴리오구성에 대한 지식을 필요로 한다. 현금흐름의 확실성등가를 얻기 위해서 경영관리자는 아래의 두 가지를 실행하여야 한다.

1. 기대현금흐름과 접점포트폴리오의 수익과 현금흐름의 공분산에 기초한 위험에 대한 조정된 기대현금흐름을 계산한다.
2. 두 항목에 대한 차이를 계산한다.

1) 무위험시나리오법

확실성등가법에 대체적인 무위험시나리오법은 확실성등가현금흐름을 계산할 수 있는 방법을 제공한다. 무위험시나리오법은 모든 자산을 무위험이자율로 평가하는 시나리오에서 확실성등가를 보수적인 현금흐름예측으로 산출한다. 다시 말하면, 확실성등가현금흐름은 접점포트폴리오수익이 무위험이자율과 동일한 상황에서 기대현금흐름으로 가정되고 있다.

이 방법은 모사포트폴리오의 수익과 투자안의 미래현금흐름이 특정한 분포를 가질 경우 적용된다. 평균-분산기준 효율적 포트폴리오수익이 존재할 경우 미래기대현금흐름은 접점포트폴리오수익과 선형적인 함수관계를 가지며 다음과 같이 표현할 수 있다.

$$E(\overline{C} \mid R_T) = a + bR_T$$

a와 b의 값은 접점포트폴리오수익의 값에 의해 변하지 않는다. 이것은 선형회귀식의 기본가정이며 정규분포를 전제하고 있다. 이러한 가정의 주요특성은 현금흐름예측에 오차는 접점포트폴리오수익과 독립적으로 분포한다는 것이다.

■ **무위험시나리오법의 투입:** 무위험시나리오법은 접점포트폴리오인 모사포트폴리오의 수익은 무위험이자율과 동일하다는 가정에서 투자안의 현금흐름측정치를 투입측정치로 이용한다. 다시 말하면, 투자안의 기대현금흐름을 예측하기 위해 엔지니어나 마케팅 조사관리자에게 분석가는 모사포트폴리오의 수익이 무위험이자율과 동일하다는 시나리오에서 현금흐름을 측정할 것을 요구한다. 이러한 조건부 현금흐름은 현금흐름의 확실성등가로 고려할 수 있기 때문에 유용하다. 제로순현가투자의 실제초과수익을 접점포트폴리오의 실제초과수익에 회귀하여 보면 다음과 같다.

$$\tilde{r} - r_f = \alpha + \beta(\tilde{R_T} - r_f) + \tilde{\varepsilon} \qquad (1\text{–}9)$$

여기서, $E(\tilde{\varepsilon}) = 0$

(식 1-9)에서 접점포트폴리오수익이 무위험이자율을 초과한다면 높은 베타투자안은 낮은 베타투자안의 성과를 능가한다는 사실을 의미한다. 반대로, 무위험이자율이 접점포트폴리오수익을 초과한다면 반

대의 성과가 발생한 경우이다. 그러나 접점포트폴리오수익이 무위험 수익과 같을 때 제로순현가투자의 기대수익은 α가 된다.

■ **무위험시나리오에 의한 현재가치:** 이 분석은 모사포트폴리오수익이 무위험수익과 동일할 경우 모든 제로순현가투자는 무위험이자율로 평가된다는 사실을 의미한다. 무위험시나리오에서는 투자안의 미래기대가치는 다음과 같이 된다.

$$E(\widetilde{C} \mid \text{무위험시나리오}) = (1 + r_f) \times PV \qquad (1\text{–}10)$$

$(1 + r_f) \times PV$이 추정되면, 무위험시나리오에서 기대현금흐름을 할인하므로써 현재가치를 결정할 수 있다.

■ **무위험시나리오법의 장점:** 무위험시나리오에서 투자자는 경영자가 소속한 기업의 주식과 동일한 산업내 다른 기업의 주식이 무위험이자율로 평가되길 기대한다. 이러한 시나리오에서는 접점포트폴리오를 확인할 수 있다면, 모든 가능한 시나리오에서 기대치와 접점포트폴리오와 공분산을 측정할 경우보다 보다 쉽게 투자안의 미래현금흐름을 측정할 수 있다.

이론적으로는 무위험시나리오법에 의한 현재가치는 확실성등가법에 의한 현재가치와 동일하여야 한다. 그러나, 실제적으로는 무위험시나리오법에서 현금흐름의 측정치와 확실성등가법에서 현금흐름베타의 측정치가 불완전하기 때문에 두 방법이 동일한 확실성등가와 현재가치를 창출한다고 볼 수 없다.

2장

자본배분과 기업전략

전통적인 투자안의 경제성분석에서 현금흐름할인법(discounted cash flow method)은 유용한 기법이지만 자본배분이 장기적인 기업전략과 어떻게 관련되는 가를 명확하게 설명하지 못하고 있다. 실물자산의 투자분석에서 전통적 현금흐름할인법이 특히 장기투자의 평가에서 나타나는 취약점을 보완할 수 있는 새로운 세 가지 접근방법을 제시하고자 한다. 이 세 가지 방법은 파생증권가치평가법(derivatives valuation approach), 비율비교법(ratio comparison approach), 그리고 경쟁분석법(competitive analysis approach)이다.

이 세 가지 실물자산의 평가방법 특히 파생증권가치평가방법은 전통적 현금흐름할인법에서 파악하지 못하는 새로운 기회 다시 말하면 전략적 옵션(strategic options)을 평가할 수 있는 장점이 있다. 이 전략적 옵션의 가치는 매우 크며 때로는 투자안이 창출하는 순현가의 대부분을 차지할 만큼 중요하다. 산업계나 전략분야에서 이 가치평가법은 투자안의 평가방법에 있어 중대한 영향을 미쳤다. 예로, 파생증권가치평가법은 정유산업에서 비율비교평가법은 부동산산업에서 가치평가에 큰 영향을 미쳤으며, 경쟁분석법은 취득 합병의 가치평가에 있어 중요한 영향을 미쳤다.

1. 순현가의 원천

순현가(net present value)가 과연 어디에서 생성되는가를 살펴 보면 대부분 경우 사전투자에서 기인한다고 말할 수 있다. 그러나 투자안을 평가할 때 대부분 기업이 투자안의 채택이 매우 가치있는 미래투자기회를 창출한다는 사실을 간과하고 있다. 즉, 기업에서는 현금흐름할인법에 의해 투자가치를 과소평가하는 경우가 많다.

기업에서 새로운 투자기회란 기존투자한 사업부문에서 생성된 정보, 경험 및 관계로 부터 종종 발생된다. 따라서, 새로운 투자안의 가치는 투자안에서 직접 창출되는 현금흐름뿐만 아니라, 투자과정에서 생성될 수 있는 가치있는 정보와 경험이 지니는 잠재가치를 근거로 하여 평가되어야 한다.

1) 경쟁우위의 원천

일반적으로 경쟁시장에서 이익창출능력이란 해당기업이 경쟁기업에 비해 우위를 가지고 있기 때문이다. 경쟁우위(competitive advantage)는 여러 원천에서 생성되지만 진입장벽은 경쟁기업의 진입으로 인한 이익감소를 방지한다. 정부허가나 국제협약에 의한 영업권 또는 특허권은 생산과 판매에 있어 일시적 독점상태를 유지케 한다.

규모경제(economies of scale)는 생산규모의 증가와 더불어 단위당 생산원가가 감소할 경우 발생한다. 규모경제는 시장점유율이 큰 기업이 계속 경쟁우위를 유지하게 한다. 범위경제(economies of scope)는 특정한 재화나 용역이 우수한 지식, 마케팅시스템 및 생산기술에 의해 보다 효율적으로 공급될 수 있을 때 발생한다.

2) 범위경제, 현금흐름할인 및 옵션

대체로, 범위경제는 기업이 경쟁우위를 차지하는 데 가장 중요한 원천이 되고 있다. 투자에서 양(+)의 순현금흐름은 조기투자에 의한 범위경제에 기인하는 경우가 대부분이다. 장기적 투자분석에서 주로 직접적 현금흐름만을 고려하고 있지 투자안이 생성할 수 있는 잠재적인 간접적 현금흐름을 계량화하기 어려워 간과되는 경우가 많다.

이러한 제한적 분석에 따른 현금흐름할인법은 장기투자분석에서 오류를 범하기가 쉽다. 현금흐름할인법을 이용하는 경영자는 쉽게 계량하기 쉬운 직접적인 현금흐름에 관심을 두고 있지 간접적인 현금흐름은 무시해 버리는 경향이 있다.

3) 범위경제와 옵션가격결정모형

추가적인 투자는 이익을 발생할 것이라는 조건이 충족되어야 실행되기에 옵션의 성격을 가지고 있다. 대부분 투자계획은 취소, 축소 또는 확장할 수 있는 옵션의 특성을 가지고 있다.

이러한 옵션을 행사하여 새로운 투자안을 실행할 것인가에 대한 분석은 제품수요, 이자율, 경제전망, 경쟁상태 및 정치상황 등과 같은 변수에 영향을 받는다. 이러한 변수가 투자안과 관련된 증권의 가치에 미치는 영향을 모형화할 수 있다면, 간접적 현금흐름을 평가하는 데에 파생증권평가방법을 유용할 수 있을 것이다.

2. 파생증권평가방법에 의한 전략적 옵션의 평가

대부분 투자안은 옵션의 특성을 가지고 있다. 전략적 옵션(strategic option)은 투자안의 진행방향을 변경하거나 기존투자에서 관련된 새로운 투자를 창출할 수 있는 새로운 기회라고 말할 수 있다. 사후에 투자안을 추가할 수 있는 특성에 덧붙여 재무관리자는 투자안이 축소, 취소, 또는 확장할 특성을 지니고 있다는 사실을 인식하여야 한다.

옵션을 행사하여 신규투자안을 실행할 것인가에 대한 분석은 제품수요, 이자율, 경제상태, 경쟁상태, 정치적 변수 등에 의존하고 있다. 이러한 변수들은 해당기업의 주식가치뿐만 아니라 거래증권의 가치에 영향을 미치고 있다. 따라서, 전략적 옵션은 기업이 조기투자를 통해 추구할 수 있는 전략을 말한다. 또한 전략적 옵션의 가치는 파생증권을 평가할 때 이용되는 옵션가격결정모형에 의해 평가될 수 있다.

파생증권은 대체적인 투자의 가치에 의해 평가될 수 있는 투자안이다. 예로서, 주식옵션의 가치는 기초자산(주식)의 가치에 의해 결정된다. 따라서, 파생증권을 평가하기 위한 기법은 금융자산과 관련된 실물투자안을 평가하는데 이용될 수 있다.

1) 전략적 옵션의 가치평가

탄광 또는 유전과 같은 천연자원에 대한 투자평가는 파생증권평가 방법을 어떻게 적용하는 가를 예시하여 준다.

전략적 옵션이 없는 경우 탄광의 가치평가방법은 확실성등가법과 동일하다. 금광의 가치는 금의 가격에 의해 결정되기 때문에 금광에 대한 현금흐름은 금융자산에 의해 추정될 수 있다. 예로서, 금광에서 금은 1년과 2년후에 각각 채굴되며 채광비는 사전에 알고 있고 계약도 사전적으로 이루어진다면, 금광에서 발생되는 현금흐름은 금의 가격에 의해 결정된다고 할 수 있다.

$C_1 = P_1Q_1 - K_1$; C 현금흐름, P 가격, Q 수량, K 행사가격

$C_2 = P_2Q_2 - K_2$

예 2-1 금마주식회사는 1년후 25,000파운드, 2년후 50,000파운드 총 75,000파운드를 생산할 수 있는 금광을 가지고 있다. 채금비용은 파운드당 0.10달러이다. 현재 금의 선도가격은 1년계약은 파운드당 0.65달러이고, 2년계약은 파운드당 0.60달러이다. 또한 1년 할인채의 년이자율은 5%이고 2년 할인채의 년이자율은 6%이다. 매년말에 채굴한 금의 가격이 지불된다면 이 금광의 현금흐름은 얼마인가?

답 금광의 가치$=\dfrac{\$0.65(25{,}000)-\$0.10(25{,}000)}{1+0.05}+\dfrac{\$0.60(50{,}000)-\$0.10(50{,}000)}{(1+0.06)^2}=\$35{,}345$

2) 포기옵션의 가치평가

실제로, 금광주는 금의 시장가격이 너무 낮아 채금에 수익성이 없다고 판단된다면 폐광할 수 있고, 다시 수익성이 있다고 판단된다면 채금을 재개할 수 있을 것이다. 이와 같이 생산을 변경할 수 있는 선택기회는 탄광의 가치를 높일 수 있는 전략적 옵션의 예이다.

금광의 선택가치는 [0, $P_1Q_1 - K_1$] 이 된다. 금광의 소유주는 금의 시장가격이 채금원가보다 높다면 채금을 결정할 수 있는 옵션을 가지게 된다. 실제로 금광에서 창출되는 현금흐름은 옵션가치 ($P_1Q_1 - K_1$)에 해당된다.

■ **Brennen and Schwartz의 이항분포모형:** 이 모형은 탄광소유자가 보유하고 있는 생산량을 증가 또는 감소할 수 있는 선택권을 고려하여 탄광의 가치를 평가한다. 그러나 탄광의 선도가격, 가격변동성, 무위험이자율만 고려하지 채금권리를 구입할 수 있는 옵션의 시장가격은 고려하지 않는다.

이 모형은 복잡하지만 파생자산을 평가하는 데 이용되는 기법으로 미래가격변동은 높은 가격과 낮은 가격의 두 가격으로 변동하다고 가정하고 있다. 파생자산은 기말에 두 가격 가운 데 오직 일정한 가격만을 선택한다. 탄광의 미래가치는 무차익가정에 의하면 모사포트폴리오의 비용에 해당되는 두 투자안의 포트폴리오에 의해 모사될 수 있다.

예 2-2

금마주식회사는 1년후 경제가 호황이라면 75,000파운드를 채금할 계획을 가지고 있다. 내년에 금에 대한 수요가 낮다면 파운드당 0.50 달러를 받고, 수요가 높다면 파운드당 0.90 달러를 예상하고 있다. 현재 금의 1년 선도가격은 파운드당 0.60 달러이다. 또한 1년 후 수요가 낮다면 선도계약은 파운드당 -0.10 달러의 현금흐름을, 수요가 높다면 0.30 달러의 현금흐름을 추정하고 있다. 현재 시장이자율은 5%이고, 채광비는 파운드당 0.80 달러이며, 수요경기가 나쁘다면 폐광할 계획도 가지고 있다. 이 금광의 가치는 얼마인가?

답 금광으로부터 발생하는 현금흐름과 이 현금흐름을 모사할 수 있는 선도계약과 무이자사채로 구성된 포트폴리오를 예시하면 다음과 같다.

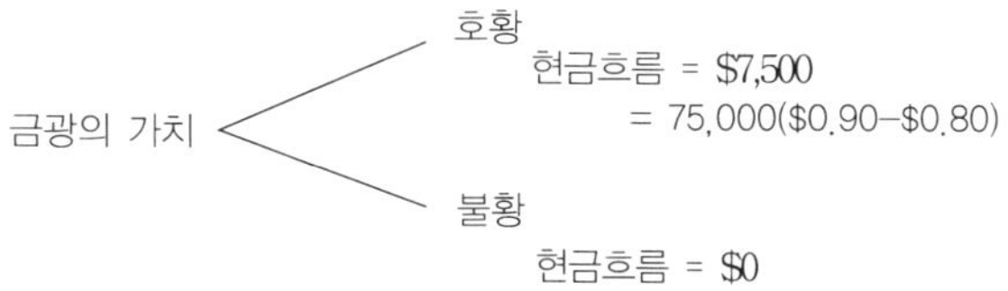

① 불황인 경우(금값 $0.50/파운드, 선도가격 $0.60)

금광은 폐쇄할 것이며 금광의 가치는 0이다. 이 경우 모사포트폴리오의 가치는 다음과 같다.

$$x(\$0.50 - \$0.60) + y(1 + 0.05) = \$0$$

여기에서, x 선도계약을 맺은 금의 수량
y 1년만기 무이자사채에 투자한 금액

② 호황인 경우(금값 $0.90/파운드, 선도가격 $0.60)

$$x(\$0.90 - \$0.60) + y(1 + 0.05) = \$7,500$$

x = 18,750 파운드, y = $1,786

∴ 이 모사포트폴리오의 가치는 $1,786이기에 금광의 가치도 $1,786이다.

실물자산을 옵션의 개념으로 평가하는 것은 유용하지만 상기 예시는 현실적으로 탄광평가를 보다 단순하게 가정하고 있다.

금광에 대한 철폐를 고려하지 않고 채금결정을 영구한 옵션으로 고려할 수 있다. 옵션가격은 서로 교환되는 두 상품의 가격비율로 보며, 금광주는 금의 가격과 채금비용을 교환할 수 있는 옵션으로 간주할 수 있다. 이 교환비율이 증가하면서 금광의 가치도 증가할 수 있다.

3) 빈터의 가치평가

빈터(空地)는 개발지로 전환할 수 있는 선택안을 가지고 있으므로 가치가 있다고 하겠다. 그러나 빈터에 대한 최선의 이용방안은 현재로서는 알 수 없다. 빈터에 대한 옵션을 평가하는데 파생증권평가방법을 이용할 수 있는 데, 이 경우 옵션의 행사가격은 빈터에 건물을 건축하는 데에 소요되는 공사비이다. 우선, 이 옵션은 성과에 관련된 위험중립확률분포를 이용하여 평가할 수 있다. 위험중립확률분포는 확실성등가에 해당되는 관련자산(빈터)에 대한 기대현금흐름을 창출하는 확률분포를 말한다.

예 2-3

투자자가 6개 또는 9개동의 콘도미엄를 건설하기에 적합한 대지를 가지고 있다. 건설비용은 올해나 내년이나 변함없이, 6개동인 경우 동당 80,000 달러이고 9개동의 경우는 동당 90,000 달러이다. 현재 콘도미엄의 시가는 동당 100,000 달러이다. 또한 이 아파트의 임대비용은 동당 8,000 달러이다. 내년 시장경기가 호황이라면 아파트는 동당 120,000 달러, 불황이라면 90,000달러가 될 것이다. 이 대지의 현재가치는 얼마인가?

답 빈터의 평가

현재 콘도미엄을 건설한다면, 9개동 경우 $90,000 [=9($100, 000-$90,000)]이고, 6개동 경우 $120,000[=6($100,000-$80,000)]의 이익을 생성하게 한다. 따라서 현재 건축을 할 경우는 6개동 건축이 유리하다.

- 내년 건축할 경우 현금흐름

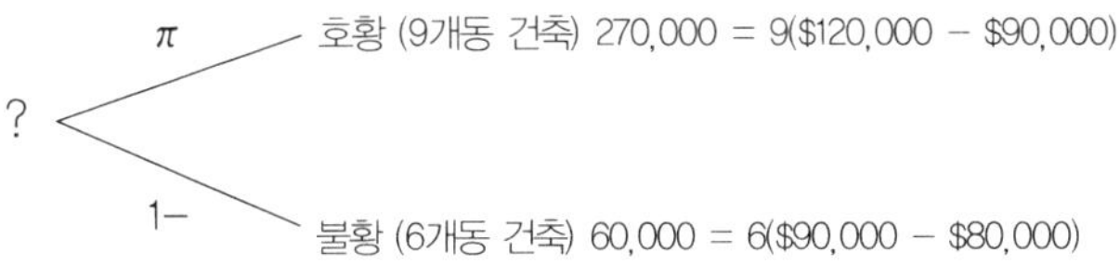

- 콘도미엄 가치

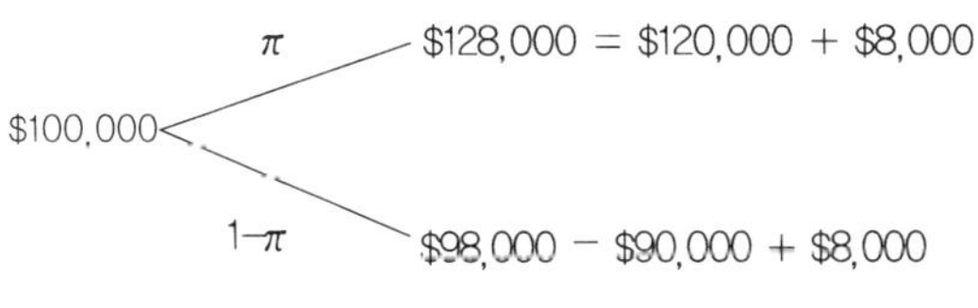

- 무위험자산

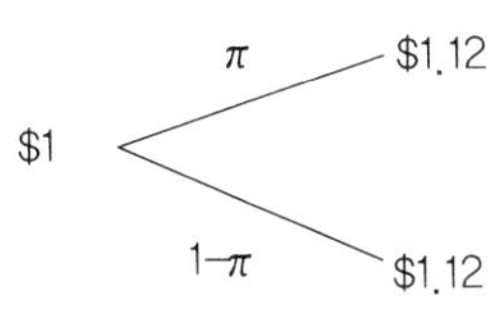

- 현금흐름의 현재가치를 계산하기 위해 두 상황에 따른 위험중립 확률(π, 1-π)을 계산해야 한다.

$$\$100{,}000 = \frac{\pi\,\$128{,}000 \ + \ (1-\pi)\,\$98{,}000}{1.12}, \qquad \pi = \frac{7}{15}$$

$$\frac{\frac{7}{5}\,\$270{,}000 + \frac{8}{15}\,\$60{,}000}{1.12} = \$141{,}071$$

∴ \$141.071은 \$120,000 보다 크므로 현재 6개동 콘도미엄을 건축하는 것보다 1년 후까지 빈터를 그대로 두는 것이 유리하다.

빈터는 개발비용을 행사가격으로 구입할 수 있는 옵션이다. 주식옵션과 마찬가지로 이 옵션은 개발가치에 대한 불확실성이 증가할수록 가치가 증가한다.

택지개발제한은 불확실성을 감소시킬 수 있으며 나아가 빈터의 가치를 감소시키며 옵션을 행사하고자 하는 욕구를 감소시킨다. 옵션의 가치의 불확실성이 커질수록 기다림에서 오는 이득은 커질 수 있다.

4) 지연옵션의 가치평가

전략적 옵션은 투자결정에 여러 가지로 영향을 미친다. 지연(delay)하여 경제적 제약조건에 알맞는 콘도미엄빌딩의 최적규모를 밝혀 추가적 가치를 얻을 수 있다. 최적빌딩규모는 경제적 조건이 사후에 시간이 걸려 밝혀질 때까지 사전에 알 수가 없다.

지연은 투자안의 선택결정에도 유용하다. 기업이 투자안을 선택한다는 것은 지연의 전략적 옵션을 행사하는 것이고, 기다림에서 오는 가치를 잃어버리는 것이다. 실물자산의 투자가치평가에서는 비록 투자안이 양(+)의 순현가를 가지고 있다 하더라도 투자를 지연하는 것이 유리한 경우가 종종 있다. 왜 투자지연이 가치를 창출할 수 있는가를 이해하기 위해서 아래 예를 보자.

예 2-4

금마주식회사는 공장을 신축할 계획을 가지고 있다. 만일 금년에 공장을 건설한다면 1억 달러의 현금유출이 발생하며, 다음 해 현금유입은 1천만 달러이며 그후 현금유입은 경제상황에 따라 호황이면 1천5백만 달러, 불황이면 250만 달러로 가정하고 있다. 또한 공장을 내년에 건축하기로 연기하더라도 공장신축비 1억 달러가 발생하며 현금흐름은 역시 시장경기가 호황이면 1천5백만 달러 불황이면 250만 달러가 발생한다. 무위험이자율은 5%이고 시장포트폴리오에 1 달러를 투자하면 내년 경세가 호황이면 1.3 달러 불황이면 0.8달러가 된다. 이 투자안의 순현재가치를 계산하고 투자시기를 평가해 보자.

답 수익성이 있는 투자안의 기각

'현재 건축하느냐 아니면 내년에 건축하느냐' 하는 상호배타적인 두 투자안 가운 데 보다 큰 순현가를 창출하는 투자안을 선택하여야 한다. 이 두 투자안은 이항옵션평가법을 이용하여 평가하는 파생자산으로 볼 수 있다. 먼저, 지금 건축할 경우 공장의 가치를 계산해 보자.

1년 후 시장경기가 호황이라면, 불황이라면,

$$\$1\text{억} + \frac{\$1500\text{만}}{0.05} = \$3\text{억}1\text{천만}, \quad \$1\text{억불} + \frac{\$2.5\text{백만}}{0.05} = \$6\text{천만}$$

① 지금 건축한다.

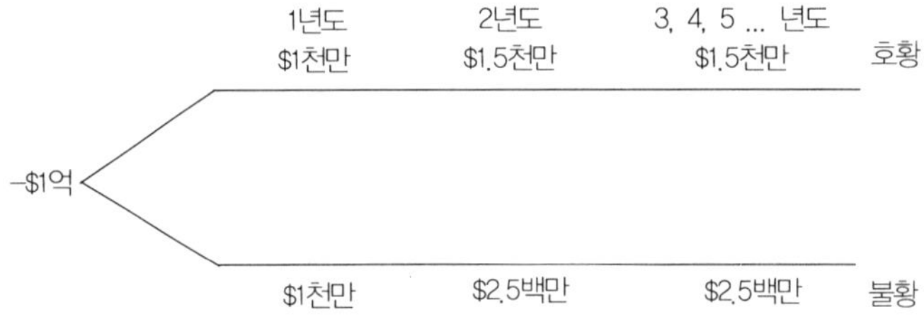

② 1년 기다렸다 호황에만 건축한다.

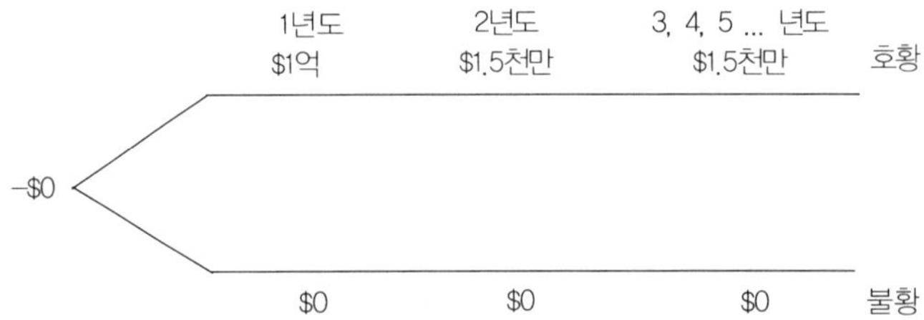

현재가치를 계산하기 위해 위험중립확률을 구해 보면,

$$\$1.00 = \frac{\pi(\$1.30) + (1-\pi)(\$0.80)}{1.05} \qquad \pi = 0.5$$

- 위험중립확률을 적용했을 때 이 공장의 현재가치는,

$$\frac{(0.5)\$3.1억+(0.5)\$6천만}{1.05}=\$1억7619만$$

이 금액은 공장건축비 1억 달러보다 크고 7619만 달러의 양(+)의 순현가를 가진다. 그러나 1년 기다렸다 호황인 경우 공장을 건축한다면,

$$0.5\times\frac{\$1.5천만/0.05-\$1억}{1.05}=\$9524만$$

따라서, 1년 기다렸다 호황인 경우 공장을 건축하는 것이 경제적으로 더 유리하다.

5) 확장옵션의 가치평가

파생증권가치평가법에 의한 투자안의 평가에 있어 신축성(flexibility)은 가장 중요한 요인이 되고 있다. 즉, 불확실한 상황에 기존투자안의 채택 확장 축소 또는 포기할 수 있는 능력인 신축성은 투자안의 가치를 증가시킬 수 있는 옵션이다.

예 2-5 공장생산능력을 증가시킬 수 있는 옵션

금마주식회사는 공장신축을 고려하고 있는데 〈표 2-1〉에 나타난 바와 같이 경기가 향후 2년동안 계속 호황이면 2억 달러의 현금흐름, 1차년도가 호황 2차년도 불황이면 1억5천만 달러, 2년동안 내내 불황이면 1억 달러의 현금흐름이 발생한다고 한다. 기초투자액은 1억4천만 달러이지만 1년 후에 경기가 호황이면 1억 4천만 달러의 추가투자가 소요되는 확장

옵션을 가질 수 있다. 이 추가투자에 따른 현금흐름은 두배로 증가되어 2차년도에 4억 달러나 3억 달러의 현금흐름이 창출하게 된다. 무위험이자률은 5%이며 시장포트폴리오에 투자한 1 달러의 향후 가치는 〈표 2-3〉에 나타난 바와 같다. 다음해 생산능력이 변동없을 경우와 두 배로 변동할 경우를 모두 고려하여 공장을 신축에 대한 가치를 평가하시오.

〈표 2-1〉 다음해 생산능력이 변동없을 경우 현금흐름

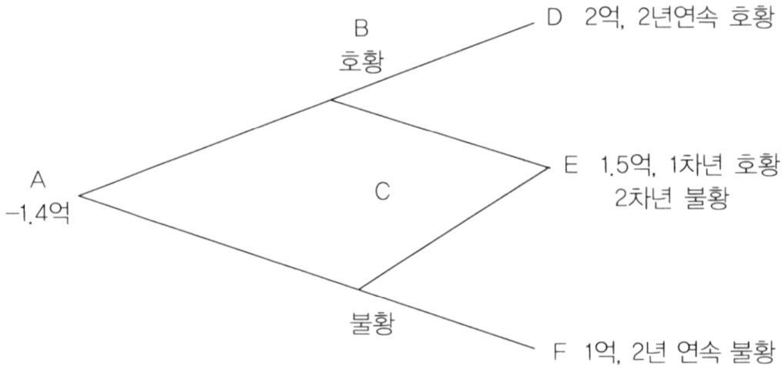

〈표 2-2〉 다음해 생산능력이 두 배될 경우 현금흐름

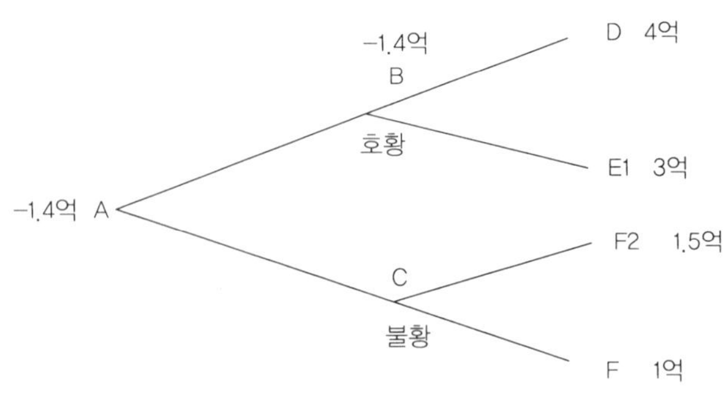

〈표 2-3〉 위험중립의 경우 시장포트폴리오의 수익

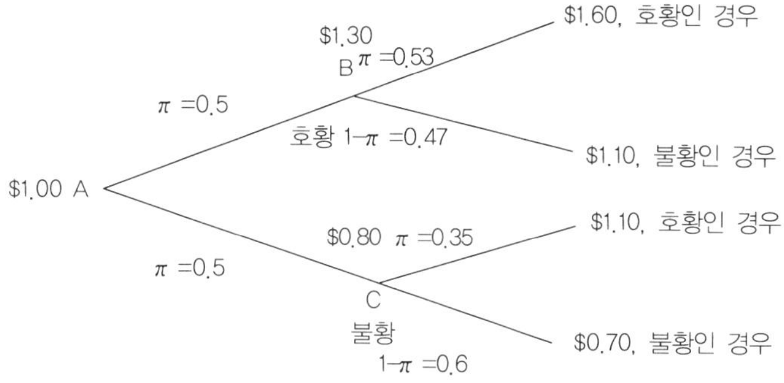

답 확장옵션

① 공장 생산능력을 확장하지 않을 경우

〈표 2-3〉의 위험중립확률을 이용하여 B 시점에서 공장의 가치는,

$$\frac{(0.53)\$2\text{억}+(0.47)\$1.5\text{억}}{1.05}=\$1.681\text{억}$$

C 시점에서 공장의 가치는,

$$\frac{(0.35)\$1.5\text{억}+(0.65)\$1\text{억}}{1.05}=\$1.119\text{억}$$

A 시점에서 공장의 가치는,

$$\frac{(0.5)\$1.681\text{억}+(0.5)\$1.119\text{억}}{1.05}=\$1.333\text{억}$$

∴ 생산능력을 확장하지 않는 경우에는 \$1.333억 – \$1.4억 = -\$0.666억에 이르는 음(-)의 순현가를 창출한다.

② 공장 생산능력을 확장할 경우

〈표 2-3〉의 위험중립확률을 이용하여 B 시점에서 공장의 가치는,

$$-1.4억+\frac{(0.53)\$4억+(0.47)\$3억}{1.05}=\$1.961억$$

A 시점에서 공장의 가치는,

$$\frac{(0.5)\$1.9619억+(0.5)\$1.119억}{1.05}=\$1.467억$$

∴ 생산능력을 확장할 경우에는 \$1.467억 – \$1.4억 = \$6.71백만에 이르는 양(+)의 순현가를 창출한다.

6) 신축성의 가치평가

기업은 경쟁기업과 차별화를 통해서 경쟁우위를 차지할 수 있다. 생산수준을 변경할 수 있는 옵션을 지니고 있는 기업은 경쟁기업과 차별화할 수 있는 생산방법을 이용할 것이다. 이와 같은 차별화를 통해 위험을 증가시키고 신축성의 가치를 증가할 수 있다. 예를 들면, 특정한 제당기업이 설탕수수뿐 만 아니라 설탕무를 이용해 설탕을 생산할 수 있는 기계를 구입할 것을 고려하고 있다. 이 경우 설탕수수의 가격의 상승은 설탕가격에 영향을 미칠 수 있지만, 경쟁기업이 현

재 설탕무를 원료를 사용하고 있지 않다면 설탕무가격의 변동은 설탕수수만큼 설탕가격에 영향을 미치지 않을 것이다.

특정기업이 설탕생산량에 대한 신축성이 없다면, 생산비용에 보다 저렴한 원료를 이용할 수 있도록 설비를 설계할 것이다. 그러나 기업이 생산량을 증가시킬 수 있는 옵션을 가지고 있다면, 경쟁기업과 차별적인 원료를 이용할 수 있다는 특성은 가치가 있을 것이다.

예 2-6 생산능력 확장이 차별화에 미치는 영향

〈표 2-4〉는 다음과 같은 가정에서 설정되었다.

- 호황일 경우 사탕수수의 정제비용은 파운드당 0.60 달러이고 사탕무무의 정제비용은 0.54 달러이다.
- 불황일 경우 사탕수수의 정제비용은 파운드당 0.40 달러이다. 사탕무의 수요는 설탕원료로 사탕수수보다 덜 이용되기 때문에 경기변동에 덜 민감하다. 사탕무로 제당하는 비용은 떨어져 파운드당 0.50 달러에 이르고 있다.
- 이 두 경제상황의 경우 위험중립확률은 0.5이다.
- 설탕가격은 사탕수수로 제조할 경우 원가보다 파운드당 0.03 달러를 더 받고 있다.

고정비는 사탕수수나 사탕무를 원료로 사용하는 경우에 관계없이 일정하다고 가정한다. 1) 공장설비가 고정적인 경우와 2) 공장설비를 최소한 1백만 파운드를 생산하지만 1차년도말에 경제상황에 따라 추가적 비용 40,000 달러에 생산량을 2백만 파운드로 확장할 수 있도록 신축성을 가지는 경우 중 어느 것이 유리한가?

〈표 2-4〉 설탕생산

■ 제품 및 원료가격

0.5 호황

설탕가격 0.63 달러/파운드
사탕수수비용 0.60 달러/파운드
사탕무비용 0.54 달러/파운드

0.5 불황

설탕가격 0.43 달러/파운드
사탕수수비용 0.40 달러/파운드
사탕무비용 0.50 달러/파운드

〈표 2-5〉 호황에서 사탕무원료, 설비확장일 경우 현금흐름

0.5 호황

140,000달러 = 2백만파운드(0.63–0.54달러)
− 40,000달러

0.5 불황

–70,000달러 = 1백만파운드(0.43–0.50)달러

〈표 2-6〉 설탕수수원료 및 비확장일 경우 현금흐름

0.5 호황

30,000달러 = 1백만파운드(0.63–0.60)달러

0.5 불황

30,000달러 = 1백만파운드(0.43–0.40)달러

답 생산능력의 차별화 옵션

① 생산능력을 고정할 경우,

사탕수수 원가: 0.5 ($0.60) + 0.5 ($0.40) = $0.50

사탕무 원가: 0.5 ($0.54) + 0.5 ($0.50) = $0.52

따라서 사탕수수가 보다 저렴한 원료가 되고 있다.

② 생산능력을 확장할 경우,

사탕수수를 원료로 이용할 경우 경제상황에 관계없이 〈표 2-6〉에 나타난 바와 같이 30,000 달러의 이익이 발생한다. 생산능력을 2배로 확장할 경우 추가적 비용은 40,000 달러가 소요되므로 사탕수수를 원료로 이용하는 기업은 생산설비의 확장옵션을 행사하지 않을 것이다.

그러나 사탕무를 원료로 이용할 경우 호황일 경우 파운드당 0.09 달러 단위이익이 발생한다. 따라서 기업은 1차년도 동안 1백만 파운드를 생산한다면 90,000 달러 이익이 발생한다. 2차년도에 생산설비 2배로 확장하는 옵션을 행사한다면, 90,000 − 40,000 = 50,000 달러의 이익이 발생하여 2년동안 총이익은 140,000 달러가 된다. 불황일 경우는 〈표 2-5〉에 나타난 바와 같이 -70,000 달러의 손실이 발생한다. 이러한 손실에도 사탕무를 원료로 이용하면 평균이익이 35,000 달러로 사탕수수보다 5,000 달러가 초과이익이 발생한다.

- 사탕무는 원료로 사탕수수보다 비싸지만 왜 더 많은 이익을 창출하는가?

a. 불황일 경우 낮아진 설탕가격은 주요원료가 되고 있는 설탕수

수의 낮아진 원료비를 반영하고 있는 셈이다.

b. 설탕가격과 원료비는 높은 상관관계를 가지고 있기 때문에, 설탕수수를 원료로 사용하는 설탕제조업자는 시장상황에 따른 가격변동의 위험에 부분적으로 방어되고 있다.

c. 반면, 설탕무가격은 설탕가격변동에 적절히 반영되지 못하기 때문에 이익에 큰 변동성을 보이고 있다. 이러한 변동성은 단점으로 보이지만, 생산설비 확장과 같은 옵션이 있을 경우 오히려 장점으로 전환될 수 있다.

d. 따라서 생산설비의 차별화는 원칙(principle)이 아니라 가능성(possibility)이라는 사실을 강조한다. 특정한 생산방식이 원가우위인 가에 관계없이, 불확실성이 보다 크고 신축성이 보다 많을 경우 차별화가 보다 장점이 될 수 있다.

3. 비율비교평가법

투자분석가들이 기업, 투자안 및 자산의 가치를 평가할 경우 흔히 이용하는 방법은 다른 기업의 투자안 및 자산과 비교해 보는 것이다. 현금흐름할인법은 부동산평가에 종종 이용되지만 주요한 평가방법은 아니다. 예로, 상업지역의 부동산은 최근 매매시세에 따라 평가될 수 있다. 어떤 빌딩이 최근 10만 달러에 팔린 길건너 빌딩보다 두 배의 현금흐름을 가지고 있다면 그 빌딩은 20만 달러의 시가를 가지게 된다. 이 경우 두 빌딩은 똑같은 성장성을 가지고 있다고 묵시적으로 가정한다. 현재 현금흐름이 두 배가 된다 하더라, 미래 창출되는 현금흐름이 2배가 되지 않는다면 이 평가법은 합리적이 되지 못한다.

1) 가격/이익 비율 분석

특정한 투자안의 미래현금흐름은 비교대상이 될 수 있는 유사안 투자안의 가격/이익 비율(Price/Earning Ratio: PER)을 이용하여 산정할 수 있다. 즉, 유사투자안의 PER를 기초발생이익에 곱하여 기대이익을 산정할 수 있을 것이다. 이런 견지에서 비용/이익 비율이 유사투자안의 가격/이익 비율보다 낮다면 투자안은 채택될 수 있을 것이다.

① 성장과 회계방법이 가격/이익 비율에 미치는 효과

가격 대 이익 비율법은 유용하지만 몇 가지 결점을 지니고 있다. 투자안의 이익은 비교포트폴리오는 유사한 성장률을 가져야 한다. 예로서, 비교포트폴리오의 이익이 투자안의 이익보다 빨리 성장한다면, 비교포트폴리오의 가치는 빠른 비율로 성장하기에 가격/이익 비율법은 유효치 않다. 투자안의 비용이 적게 들고, 유사한 투자의 가격/이익 비율과 비교하여 유리한 비용/이익 비율을 가질 경우 저비용이 투자안의 저이익성장률을 보충하지 않는다면 투자안은 가치파괴를 할 수 있다. 다시 말하면, 투자안과 비교포트폴리오가 동일한 미래현금흐름을 가지고 있지 않을 경우 비용/이익 비율이 낮아서 오는 이점이 투자안의 낮은 이익신장률을 상쇄하지 못한다면 투자가치는 떨어지기 마련이다. 특히, 가격/이익비율 분석에서 이용되는 이익이 진정한 경제적 이익을 나타내 주는가에 유의해야 한다.

일시적 상각은 현금흐름이나 시장가치에 영향을 미치지 않으나 이익에는 지대한 영향을 미친다. 이 경우 경제적 부가가치나 이익자체를 조정한 측정치가 대신 이용되고 있다. 회계적 이익의 개념이 모호하기에 가격/현금흐름 비율을 가격/이익 비율에 대신하여 이용한다.

② 레버리지가 가격/이익 비율에 미치는 효과

■ **재무위험의 크기가 자본배분에 미치는 영향:** 자본배분에서 부채비율이 기업의 주당이익과 가격/이익 비율에 미치는 영향에 대한 이해는 중요하다. 부채증가는 영업가치와 총가치가 일정하다면 기업의 주당순이익과 가격/이익 비율을 증가하거나 감소시킬 수 있다.

예 2-7

(주)유리는 년초에 1억 달러의 부채를 년리 6%로 발행하였고, 주식을 주당 10 달러에 1천만주를 재매입(repurchase)하였다. 세금과 주가변동을 고려하지 않고, 신규부채발행이 (주)유리의 대차대조표와 기말재무성과에 어떻게 영향을 미치는가?

자산 (장부가치)	500,000,000 달러
부채 (장부가치)	100,000,000
주식 (장부 및 시장가치)	400,000,000
발행주식수	40,000,000
액면가, 시장가	10
기대이익 (Net Income)	20,000,000
기대주당이익 (Expected EPS)	0.50
가격 대 기대주당이익 (P/NI)	20
자기자본이익률 (ROE)	5.0%

답 레버리지가 PER를 증가시키는 경우

자산 (장부가치)	500,000,000 달러
부채 (장부가치)	200,000,000
주식 (장부 및 시장가치)	300,000,000
발행주식수	30,000,000
주가이익 (장부 및 시장가치)	10
기대영업이익	14,000,000 = $20,000,000–($100,000,000)(0.06)
기대주당이익	0.47 = $14/30
가격 대 이익	21.28 = $10/0.47
자기자본이익율	4.7% = $14,000,000/$300,000,000

■ **레버리지가 PER를 감소시키는 경우:** 기업의 초과이익이 계속 발생하기 때문에 주가가 높다면, 레버리지의 증가는 가격/이익 비율을 감소시킬 것이다.

예 2-8

(주)지산은 현재 100% 자기자본으로 자본구조를 이루고 있으며, 주당 25달러에 1백만주를 발행했으며 PER는 12.5이다. (주)지산은 이익의 50%를 재투자하고 50%는 배당금으로 지급할 계획이다. 내년의 기대이익을 계산하라. 또한 이익의 성장률을 주가는 25 달러로 일정하며 자본비용은 10%로 가정하여 계산하라. 세금은 없으며 레버리지증가가 이익과 PER에 미치는 영향을 계산하라. 발행주식의 50%는 이자율 6%의 사채이익으로 충당되었고, 레버리지증가로 주가에는 변동이 없다고 가정한다.

답 레버리지가 PER를 감소시키는 경우

$$주가/이익(PER) = \frac{\$25}{E} = 12.5, \qquad E = \$2$$

$$주당\ 영업이익 = \frac{부채가\ 없을\ 경우\ 이익 - 사체이자}{발행주식수}$$

$$= \frac{\$2백만 - 0.06(\$12.5백만)}{0.5백만} = \$2.50$$

$$주가/이익 = 10$$

■ **레버리지는 PER를 증가 또는 감소시키는가?**: 자산의 시장가치는 레버리지비율에 영향을 받지 않고 부채는 무위험자산으로 조달되었다고 가정하자. 자기자본만으로 자본조달을 한 기업의 PER가 1/(r_d; 무위험 영구부채 이자율)보다 크다면, 레버리지증가는 PER를 증가시킨다. 반대의 경우에는 레버리지감소는 PER를 감소시킨다.

4. 경쟁력분석접근법

1) 사업단위의 가치평가

다수 사업단위를 가지고 있는 기업에서 특정한 사업단위(나아가 특정 제품)가 기업전체가치에 미치는 영향을 분석한다는 것은 매우 어려운 일이다. 그러나, 특정기업의 제품이 보다 저렴하게 또는 우수하게 제조된다면, 경쟁기업보다 순현가는 분명 더 커질 것이다. 따라서, 특정한 제품의 순현가는 특정한 기업의 경쟁우위에 의해 결정된다고 말할 수 있다. 특정기업의 시장경쟁력을 정확히 평가할 수 있다면, 투자안의 순현가를 정확히 평가할 수 방법이 될 것이다.

2) 경쟁력분석법의 단점

다른 가치평가방법과 마찬가지로 경쟁분석방법 역시 단점을 가지고 있다. 경쟁분석법은 경쟁기업이 가치극대화를 추구한다고 가정하고 있기 때문에, 가치창조가 이루어지지 않는다면 경쟁기업은 쇠퇴하게 된다. 예를 들어 정유회사의 경영관리자의 미래수요를 정확히 산출하고 자사의 경쟁우위를 확인한다면, 유가가 하락하더라도 비효율적인 경쟁자는 손실이 발생하기 시작하는 한계수준에서 퇴출할 것이다. 이러한 전제에서 석유시추는 긍정적으로 평가될 수 있다. 그러나 정유산업에서 특정한 기업의 가치극대화의 목표를 추구하지 않는다면 경쟁기업은 석유가격이 하락하여도 퇴출하지 않을 것이며 경우에 따라서는 생산을 증가할 수 있을 것이다. 이러한 시장은 원가우위의 기업에게도 바람직하지 못하다.

5. 결언

상기 언급한 실물자산평가법은 모두 부분적인 해결방안을 제시하고 있다. 파생증권평가법은 점점 더 유용해 지고 있지만 실제로 적용하기가 쉽지 않다. 투자안과 관련된 전략적 옵션은 투자안이 실제로 적용되기 전에는 실체를 규명하기가 어렵다. 더욱이 투자안의 현재가치를 파악하기 위해 미래자산가격을 생성하는 확률적 과정을 측정하기가 어렵다. 반면, 현금흐름할인법에서 미래기대현금흐름과 확실성등가를 추정하기란 어려운 일이다.

상기 논의한 주요내용을 요약하면 다음과 같다.

- 경영자가 투자안의 실행에 대한 신축성을 가지고 있을 경우 전략적 옵션은 존재한다.
- 투자안의 규모를 변경, 포기 또는 지체할 수 있는 옵션은 고려할 필요가 있다. 해당기업이 경쟁기업과 상이할수록 옵션의 가치는 더욱 클 것이다.
- 옵션의 존재는 투자안의 가치를 증진시킬 수 있다. 경영자가 옵션의 가치를 무시할 수록 투자안의 가치는 과소평가될 것이다. 그러므로, 전략적 옵션은 간접적 특성으로 간과하였던 현금흐름으로 인해 현금흐름법에서 포기하였던 투자안을 수용하게 할 수 있다.
- 옵션의 가치는 옵션의 만기일에 따라 증가한다. 따라서, 전략적 옵션은 장기간 투자안에 일반적으로 더욱 가치가 크다. 표준현금흐름할인법은 단기보다 장기투자안을 더욱 과소평가한다. 경영자가 가치평가분석에서 이러한 옵션의 특성을 무시한다면 장기투자안은 더욱 과소평가될 것이다.
- 투자안의 미래가치에 대한 불확실성이 클수록, 옵션의 가치는 더욱 커진다. 따라서, 전략적 옵션은 위험한 투자안일수록 가치가 크기 때문에, 미래현금흐름이 보다 불확실한 위험한 투자안일수록 신축성을 가지는 것이 보다 유리할 수 있다. 전통적 현금흐름할인법이 전략적 옵션의 특성을 고려하지 않는다면

고위험투자안이 저위험투자안보다 과소평가되기 마련이다.

본 장에서 언급한 가치평가법의 장점은 현금흐름할인법의 결점과 깊은 관련성이 있다. 현금흐름할인법을 이용하는 실무가가 간과하는 두 가지 내용을 강조하면 다음과 같다.

- 의사결정자는 기본적으로 투자안의 시장가치를 평가하기 때문에 재무관리자는 가능한 관찰할 수 있는 시장가치를 이용하여야 한다. 실제 시장가치가 관찰될 수 있을 때 추정시장가치에 의존하여서는 안된다.
- 경영자는 단일투자안의 관점에서 보다 투자전략의 관점에서 투자안을 평가한다. 대부분 투자안은 실행에 있어 신축성이 있고 미래 기업에 양(+)의 부가가치를 제공한다. 복수의 투자안을 평가할 경우 투자전략에 부합되는 신축적 옵션을 고려해야 한다.

3장

세금과 자본조달

본 장에서는 세금이 기업의 자본조달을 위한 부채와 주식의 구성에 미치는 영향에 대해 살펴 본다. 세금이 기업의 자본조달선택에 미치는 영향을 이해하기 위해서는 먼저 세금이 없는 상황에서 자본조달선택을 이해하여야 한다.

Modigliani and Miller(MM; 1958)는 기업의 자본구조가 채권자와 주주에게 배분하는 현금흐름에 영향을 미치지 않는다면 자본구조는 기업의 가치에 영향을 미치지 않는다고 주장하였다. 그러나 MM의 명제는 현실적 세계에 적용하기 어렵다. 이자는 과세대상이 되지 않으므로 자본구조에 부채비율이 높을수록 세후현금흐름은 증가하기 때문에 기업은 부채자본을 자기자본보다 선호하게 된다. 자본구조선택은 법인세뿐만 아니라 개인소득세를 고려할 경우 더욱 복잡해진다. 주가차익에서 발생하는 자본이득세율은 이자소득세율보다 낮으므로 개인소득세를 고려할 경우 자기자본을 선호하게 된다.

1. Modigliani and Miller 이론

1) 현금흐름의 배분

기업의 현금흐름을 큰 Pie로 볼 경우 현금흐름에 대한 다양한 청구권은 Pie를 이루고 있는 여러 부분으로 볼 수 있다. 〈표 3-1〉에서 Pie 1은 현금흐름이 채권자와 주주에게 발생하는 경우를 보여주고 있다. Pie가 배분되는 방법은 현금흐름의 크기에 영향을 미치지 않는다는 사실을 알 수 있다.

Pie 2와 3은 기업의 자본구조가 채권자 및 주주에게 배분되는 현금흐름에 어떻게 영향을 미치는 가를 보여주고 있다. Pie 2 에서는 정부에 지불하여야 될 법인세를 포함하고 있다. Pie가 어떻게 배분되는 가는 전체크기에 영향을 주지 않는다. 그러나, 기업소유주는 Pie의 전체크기에는 관심을 가지지 않고 유가증권 소유자인 주주와 채권자에 배분되는 현금흐름에 관심이 가지고 있다. 따라서, 소유주는 정부에게 돌아가는 세금부분을 최소화하려 할 것이다. 채권자에게 보다 많은 현금부분이 배분될수록, 정부에게 보다 적은 부분이 배분된다는 사실은 부채와 주식의 합이 보다 증가할 수 있다는 사실을 의미한다. 마지막으로, Pie 3는 현금흐름의 일부가 허비될 수 있는 가능성을 포함하고 있다. 즉, 현금흐름의 일부가 비효율, 기회손실 및 낭비에 의해 허비될 수 있다.

〈표 3-1〉 현금흐름 배분

2) MM이론의 증명

MM(1958)은 두 기업이 자본구조를 제외하고 모든 조건이 동일하지만 총가치가 동일하지 않다면 차익거래기회에 의한 자본구조의 기업가치무관련성(irrelevance theorem)을 주장하였다. 두 기업이 1년 동안 존재하며 년말에 세전현금흐름($\widetilde{X}$)을 창출한 다음 청산된다고 가정해 보자. 두 기업은 서로 다르게 자본을 조달하며 기업 U는 타인자본이 없고 기업 L은 타인자본이 있다. 〈표 3-2〉는 기업 U와 기업 L이 부채와 자본으로 분리되는 현금흐름을 미래가치와 현재가치로 보여주고 있다. 기업 U는 부채가 없기 때문에 불확실한 현금흐름($\widetilde{X}$)는 오직 주주에게만 배분되고 있다. 기업 U의 현가 V_U는 기업 U의 주식가치와 동일하다. 반대로, 기업 L은 년말에 $(1+r_D)D$의 채무를 지고 있다.

만약, 부채에 위험이 없고 부채이자율 r_D가 무위험이자율과 같다고 가정하면, 기업 L의 채권자는 연말에 $(1+r_D)D$를 받을 것이며 그리고 주주는 나머지 $x\ -(1+r_D)D$를 받을 것이다. 기업 L의 현가 V_L은 기업의 발행부채D와 자기자본E_L의 합계에 해당한다.

MM이론에 따르면 V_U는 $(D+E_L)$와 같아야 하는데 가치평가의 모사추적접근법을 적용하므로써 살펴볼 수 있다. 기업 U의 자기자본이 기업 L의 부채와 자기자본의 합계로 미래에 완전하게 모사되기 때문에 기업 U의 자기자본의 가치는 기업 L의 부채와 자기자본의 합계와 동일하여야 한다. 이 경우 기업 U와 기업 L의 가치가 동일하지 않다면 차익거래기회가 존재하게 된다.

〈표 3-2〉 상이한 자본구조를 가진 두 기업의 현금흐름과 시장가치

	기업 L		기업 U	
	미래현금흐름	현재가치	미래현금흐름	현재가치
부채	0	0	$(1+r_D)D$	D
주식	$\widetilde{X}$	V_U	$\widetilde{X}-(1+r_D)D$	E_L
합계	$\widetilde{X}$	V_U	$\widetilde{X}$	$V_L=D+E_L$

■ **MM이론이 성립되지 않을 경우 차익거래기회:** 차익거래기회를 설명하기 위해서 우선 기업 U의 가치가 기업 L의 가치보다 크다고 가정하자. 기업 U의 자기자본가치은 1억 달러이며, 기업 L은 자기자본 6천만 달러와 부채자본 3천만 달러를 가지고 있다고 가정해 보자. 이러한 경우 민첩한 투자자는 기업 L에 대한 주식 10%과 채권 10%를 구입하고 기업 U의 주식 10%를 공매(short sales)함으로써 차익을 올릴 수 있다.

투자자가 공매로 1백만 달러의 순현금흐름을 이익을 얻는다 즉, 1천만달러 - (6백만 달러 + 3백만 달러)=1백만 달러가 된다. 그러나 투자자가 기업 L의 주식과 사채로부터 연말에 받는 현금흐름은 다음과 같다.

$$0.1\,[\widetilde{X}-(1+r_D)\,D] + 0.1\,(1+r_D)D$$

기업 U의 주식에 대한 공매를 해결하기 위해 $0.1\,\widetilde{X}$를 지불하기에 총미래현금흐름은 다음과 같다.

$$0.1\,[\widetilde{X}-(1+r_D)\,D] + 0.1\,(1+r_D)D - 0.1\,\widetilde{X}$$

$\widetilde{X}$ 가 실현하는 미래가치에도 불구하고 이 값은 제로가 된다. 다시

말하면, 이 거래는 기초에 투자자에게 현금을 발생시키지만 기말에 투자자로부터 요구하는 것은 없다. 기업 U의 가치가 기업 L의 가치보다 낮다면 $V_U < E_L + D$ 유사한 차익거래기회가 존재할 수 있다. 그러나, 차익기회가 존재할 수 없다고 가정하기 때문에 두 기업의 총가치는 자본조달방법에 관계없이 동일하여야 한다. (예 3-1)은 기업의 현금흐름이 두 개의 실현가능한 가치 가운 데 하나를 선택하는 단순한 경우에서 차익거래기회를 설명하고 있다.

예 3-1 MM이론이 성립되지 않을 경우 차익거래기회

[가정]

- 기업 U는 자기자본으로만 1억 달러 자본을 조달하고 있다.
- 기업 L은 자기자본 4,000만 달러, 10%의 이자율에 무위험부채 5,000만 달러로 자금을 조달하며 연말에 5,500만 달러의 채권을 상환한다.
- 만약 경제가 불황이라면 두 기업의 현금흐름은 8,000만 달러가 될 것이다.
- 만약 경제가 호황이라면 두 기업의 현금흐름은 2억 달러가 될 것이다.

투자자가 특정한 증권을 1,000만 달러까지 구매하거나 공매할 수 있다면 MM명제를 위반하여 차익을 실현할 수 있는지 살펴보자.

답

투자자는 기업 U의 주식 10%를 공매할 수 있지만, 기업 L의 자기자본 10%와 발행부채 10%를 구입함으로써 차익을 올릴 수 있다. 다음, 투자자는 즉시로 100만 달러의 현금흐름을 실현할 것이다 (100만 달러 = 0.10(1억 달러- 4,000만

달러- 5000만 달러). 그러나, 아래 표에서처럼, 투자자는 연말에 순채무을 가지지 않는다. 그래서 초기의 100만 달러 현금유입은 무위험차익으로 고려할 수 있다.

	현금흐름 (백만 달러)		
	연초	연말	
		불황	호황
주식 U 공매	10	(8.0)	(20.0)
주식 L 매입	(4)	2.5	14.5
부채 L 매입	(5)	5.5	5.5
순현금흐름	1	0.0	0.0

기업 L의 연말자기자본은 기업 L의 총현금흐름에서 채권자의 자본금과 이자를 공제한 금액이 된다.

3) MM이론의 가정

상기에 언급한 바 같이 MM의 자본구조무관련이론은 오직 제한적인 가정에서 성립되고 있다. 그러나, MM이론은 최적구조선택을 위한 결정요인에 대한 이론적 체제를 제공하고 있기에 중요한 개념이라 할 수 있다. 이론에 대한 제반가정을 살펴 보는 것은 자본구조가 기업가치에 미치는 영향에 관해 중요한 의미를 제공할 것이다.

■ **가정:** 첫 번째 가정에서 기업의 채권자와 주주에게 분배된 모든 미래 현금흐름의 합이 자본구조에 의해서 영향을 받지 않는다는 사실은 매우 중요하다. 현실적으로, 자본구조는 기업의 현금흐름에 영향을 미칠

수 있다. 본 장에서는 자본구조가 법인세부담을 변경하므로써 기업의 총현금흐름에 미치는 영향에 대해 살펴 볼 것이다.

■ **거래비용의 중요성:** 거래비용이 고려되지 않는 상황에서 기업이 발행하는 새로운 증권이 투자자에게 생성되는 현금흐름은 시장에 이미 존재하는 다른 증권에 의해 모사될 수 있다. 이것은 발행기업이 실제 다른 방법으로는 획득할 수 없는 투자수익을 투자자에게 제공하지 않음을 의미한다. 그러나, 거래비용은 시장에서 획득할 수 있는 투자수익의 가능성을 제한하며, 때때로 기업에게 투자자들이 바라는 특정한 증권을 발행하므로써 기업가치를 개선할 수 있는 기회를 제공한다.

■ **차익거래의 부재:** 기업의 가치에 영향을 미치는 의사결정을 분석하기 위해서는 가치평가을 위한 체계가 필요하다. MM이론은 자산가격결정의 대부분 기본가정을 만족시키는 모든 가격결정모형과 일치한다. 균형가격은 무위험차익거래기회를 제공할 수가 없다.

2. 개인투자자의 기업자본구조선택으로 환원

MM이론은 기업이 동일한 현금흐름과 상이한 자본구조를 가지는 기업이 존재한다고 묵시적으로 가정하고 있다. MM이론은 기본가정에서 주주는 자본구조의 변화에 대해 무관심하다고 주장하고 있다.

예 3-2 자본구조변화를 원래상태로 환원

(주)엘코는 자본구조의 변화를 고려하고 있는 데 변화이전에 엘코의 주가는 주당 100 달러, 발행주식을 1,000 주를 가지고 있

다. 또한 1년만기 무위험 무이표채 10,000 달러을 가지고 있다. 김상식 씨는 현재 주식 100주를 소유하고 있는 데, 자본구조 변화가 없다면 내년에 김씨에게 지불되는 금액은 다음과 같다.

$$0.1[\widetilde{X}-(1+r_D)10,000]=0.1\widetilde{X}-(1+r_D)1,000$$

여기에서 X는 기업의 현금흐름 r_D 는 채권자에게 지불될 무위험이자율이고, 미래 상환해야 할 채무는 $(1+r_D)10,000$ 달러이다

· 기업은 발행주 500 주를 50,000 달러에 재구매할 계획이며 무위험 부채 50,000 달러를 발행함으로써 자사주를 재구매할 계획이다.
· 김상식씨가 기업의 자본구조변화에 아무 대응을 하지 않는다면 김씨에게 지급될 금액은 얼마인가? 개인투자자로서 기업의 자본구조 변화의 효과를 원래상태로 돌려 놓아 종전과 동일한 현금흐름을 얻기 위해서는 개인 포트폴리오를 어떻게 변경할 수 있는가?

답 김상식씨가 자신의 포트폴리오를 변경하지 않는다면, 다음 기간의 (주)엘코의 현금흐름에 대한 김씨의 지분은 다음과 같다.

$$0.2[\widetilde{X}-(1+r_D)60,000]$$

김씨는 주식 절반을 재구입하여 총발행주의 20%를 소유하게 된다면, 종전보다 더욱 위험스러운 투자를 할지 모른다. 그러나 김씨가 자기주식 500주를 매각한다면 (사채 50,000 달러를 상환하기 위해) 지분은 다시 10%이 되여 다음과 같이 투자수익을 실현하게 된다.

$$0.1[\widetilde{X}-(1+r_D)60,000]+(1+r_D)5,000=0.1\widetilde{X}-(1+r_D)1,000$$

(예 3-2)는 주주가 자신의 포트폴리오에 기업의 자본구조변화에 대한 영향을 어떻게 원래상태로 환원할 수 있는가를 설명하고 있다. 주주는 종전과 같은 현금흐름패턴을 유지할 수 있으며 기업주식에 대해 동일한 지분으로 통제를 지속할 수 있다. 따라서, 거래비용이 없는 경우 주주는 기업의 자본구조의 변화에 무관심하게 된다.

3. 위험부채가 MM이론에 미치는 영향

현재까지는 무위험부채만을 고려하였지만, 이제는 기업이 파산하게 되어 부채가 종전보다 더욱 위험스러워지는 상황에 대해 논의할 것이다.

1) 파산비용이 없는 MM이론

MM이론은 파산을 고려하고 있지만 파산비용은 고려하지 않고 있다. MM이론은 기업이 채무반제능력이 없어 파산한다면 기업자산의 소유와 지배는 주주에서 채권자에게로 비용발생없이 이전된다고 가정하고 있다. 비용발생이 없는 파산을 이해하기 위해서 예제 3-2에서 엘코 주식 10%를 소유하고 있는 김상식씨에게 지급될 보상은 다음과 같다.

$$0.1\,[\widetilde{X} - (1 + r_{DS})\,10{,}000]$$

여기에서 r_{DS}는 채권자에게 지불되는 약속이자율이다. 만약 (예 3-2)에서 부채가 위험스럽다면 윗 식은 현금흐름이 오직 양(+)일 경우에만 김씨에게 보상하게 될 것이다. 왜냐하면 주주는 유한책임만 가지고 있으므로 부채가 현금흐름을 초과한다면 주주는 보상을 받을 수 없다. 이러한 경우 채권자는 파산비용이 없다면 기업의 전체 현금흐름 $\widetilde{X}$를 전부 소유하게 된다. 이 경우에 부채는 위험하므로 총현금흐름은 여전히 약속한 부채지급보다 상당히 적을 수 있다.

2) 레버리지증가와 부의 이전

파산이 발생할 경우 자본구조무관련성에 대해 좀 더 명확히 설명할 필요가 있다. 파산가능성은 자본구조변화로 인한 주주와 채권자간에 부의 이전을 의미한다. 그러므로 비록 자본구조변화가 기업의 부채 및 주식가치의 합에 영향을 미치지 않는다고 하더라도 기업의 부채-주식구성의 변화는 주가에 영향을 미칠 수 있다.

기존채권자에서 주주에게로 부의 이전가능성은 신규부채가 기존부채에 종속되는지에 달려 있다. 파산처리에서 하위부채는 우선권이 우선인 상위부채에게 보상이 이루어진 후 청구권을 행사할 수 있다. 신규부채가 기존부채에 종속되지 않는다면 신규부채는 기존채권자에서 주주에게로 부의 이전을 초래할 수 있다. 그러나 부채가 종속되어 있다면 주주는 기업의 자산에 영향을 미치지 않는 자본구조변화에 계속 무관심할 것이다.

■ **신규부채가 기존부채에 종속되는 경우 레버리지변화의 영향**: 부채가 위험스러운 경우 자본구조변화의 영향을 이해하기 위해서 앞의 예에서 엘코가 신규부채를 5만 달러 발행한 자금으로 주식 500주를 재구매하는 가능성을 고려해 보자. 처음에는 신규부채가 파산할 경우 기존부채에 종속된다고 가정하면 결과적으로 표면이자율 r_{DJ}는 상위부채에 약속한 r_{DS}보다 크다. 〈표 3-3〉은 김상식씨가 신규부채 5,000달

러를 구매하고 50 주를 매각하므로써 엘코의 자본구조에서 추가로 위험이 있는 부채를 원래상태로 환원할 수 있다고 설명하고 있다. 김씨에게는 하위부채 5,000 달러와 주식 50 주가 남게 된다.

〈표 3-3〉의 모든 시나리오에서 현금흐름은 기업의 원래 자본구조에서 김씨가 주주로서 받을 현금흐름과 동일하다. 시나리오 A와 B에서 기업은 상위채권자에게 채무를 상환해야 할 충분한 현금을 가지고 있다. 투자자들은 본래의 자본구조가 주어졌을 때 주주로서 그들이 받았던 동일한 현금흐름 $0.1[\tilde{x}-(1+ r_{DS})\ 10{,}000]$ 을 보상받는다. 시나리오 C에서는 기업은 상위부채에 보상해야 할 충분한 현금흐름을 가지고 있지 않으며 주주는 신규부채가 발행될 지라도 아무 보상을 받지 못한다. 투자자들은 여전히 주식과 하위부채를 소유하고 있는 투자자로서 아무 보상받지 못하고 있다.

〈표 3-3〉 신규부채가 기존부채에 하위일 경우 추가적 위험부채효과를 원래상태로 환원

	현금흐름		
	시나리오 A 현금흐름이 모든 채무를 초과할 경우 $\widetilde{X} > (1+r_{DS})10{,}000 + (1+r_{DJ})50{,}000$	시나리오 B 현금흐름이 상위부채를 초과하지만 하위부채를 초과하지 않을 경우 $(1+r_{DJ})50{,}000 > \widetilde{X}-(1+r_{DS})10{,}000 > 0$	시나리오 C 상위부채가 현금흐름을 초과할 경우 $X<(1+r_{DS})\ 10{,}000$
주식 50주	$0.1[\widetilde{X}-(1+r_{DS})10{,}000 - 0.1(1+r_{DJ})50{,}000]$	0	0
신규부채 5,000달러	$0.1(1+r_{DJ})50{,}000$	$0.1[\widetilde{X}-(1+r_{DS})10{,}000$	0
합계	$0.1[\widetilde{X}-(1+r_{DS})10{,}000$	$0.1[\widetilde{X}-(1+r_{DS})10{,}000$	0

■ **신규부채가 기존부채에 종속되지 않는 경우**: 기업이 하위부채를 발행할 경우, 기업의 약정수익률은 하위사채로 인해 증가되는 채무불이행위험을 보상하기 위해 기존상위부채에 대한 약정수익률 r_{DS}를 초과하여야 한다. 만약 신규부채가 하위부채가 아니라 기존부채와 동일한 우선권을 가진다면 신규채권자와 기존채권자 모두 파산기업의 자산을 청구권비율에 따라 보유하게 된다. 신규채권자의 보다 큰 청구권이 기존채권자를 더욱 어렵게 만들지만 신규부채가 기존부채에 종속되는 경우에는 보다 낮은 약정수익률로 신규투자자를 유인할 수 있을 것이다.

기존채권자에게 부과되는 이러한 비용은 주주들에게는 혜택이 되게 한다. 신규부채가 종속되지 않는 경우를 제외하고 〈표 3-3〉을 다시 살펴보자. 다시 투자자가 주식 50주를 매각하고 신규부채 50,000달러를 매입하므로써 자본구조변동을 원래상태로 환원한다고 가정하자. 시나리오 A에서 투자자들은 여전히 본래의 자본구조와 같이 동일한 현금흐름을 배분받는다. 그러나 기업은 파산한 시나리오 B와 C에서, 투자자들은 〈표 3-3〉보다 큰 현금흐름을 받는다. 왜냐하면 투자자가 소유한 신규부채는 현재 잔여자산에 비례하는 보상을 받기 때문이다.

1980년대 많은 기업들이 공기업을 사유화하는 과정에서 차입매수(leveraged buyout)을 통해 부채비율을 크게 증가시켰으며, 채권자에서 주주에게로 부의 이전이 매우 컸다.

5. 법인세가 자본구조선택에 미치는 영향

재무관리자는 기업의 자본구조에 관한 의사결정을 하는데 많은 노력과 시간을 소비한다. 기업이 자본구조를 변경할 경우 주가는 민감하게 반응을 한다. 이러한 사실은 자본구조무관련성이 의미없는 명제라고 생각하게 한다.

자본구조결정의 관련성은 MM이론의 기초가 되는 몇몇 가정이 현실성이 없으며 기본가정의 현실적 완화가 자본구조선택에 대해 중요한 의미를 가진다고 할 수 있다. 가장 비현실적인 가정은 법인세에 관한 가정이라 할 수 있다. 법인세는 기업의 현금흐름에 대해 중요한 영향을 미치며 나아가 자본구조결정에도 지대한 영향을 미친다.

실제 기업은 법인세의 존재로 부채자본조달을 선호한다. 이자는 과세대상이 되지 않는 비용이 되기 때문이다. 그러나 배당금은 사업을 수행하는 비용이라기 보다는 이익의 분배로 고려되기 때문에 과세대상이 되고 있다.

1) 부채가 세후현금흐름에 미치는 영향

세전현금흐름 $\widetilde{X}$에 대한 법인세가 τ_c이라면, 이자 및 납세전 영업이익 EBIT는 이자 $r_D D$ 지급이후 소득은 $\widetilde{X} - r_D D$이며 기업은 법인세 $(\widetilde{X} - r_D D)\tau_c$ 를 지불하게 된다. 이자비용은 과세대상이 아니기 때문에 기업은 세금채무를 감소할 수 있으며 아울러 부채를 추가발행하므로써 주주에게 분배되는 금액을 증가시킬 수 있다. 그리므로 개인소득세, 거래비용 및 파산비용이 없고 세전현금흐름을 일정하게 유지한다면 가치극대화할 수 있는 자본구조는 기업의 세금채무를 가능한 줄이기 위해 충분한 부채를 가지는 것이다.

법인세를 고려할 경우 부채가 기업의 가치에 미치는 영향을 살펴 보기 위해 기업이 자기자본과 무위험영구사채로 자본조달한다고 가정하자. t년도의 주주와 채권자에게 배분되는 세후현금흐름은 다음과 같다.

$$\widetilde{C}_t = (\widetilde{X} - r_D D)(1 - \tau_c) + r_D D \tag{3-1}$$

(식 3-1)을 정리하면, 주주와 채권자에게 현금흐름은 자기자본으로만 조달된 기업의 현금흐름과 부채이용에 따른 감세혜택으로 발생하는 현금흐름의 합으로 나타낼수 있다.

$$\widetilde{C}_t = \widetilde{X}(1 - \tau_c) + r_D D \tau_c \tag{3-2}$$

2) 부채가 기업가치에 미치는 영향

기업의 가치가 레버리지변화에 따라 어떻게 변화하는 가를 살펴 보기 위해서 $\widetilde{X}_t(1-\tau_c)$가 부채를 사용하지 않는 기업에 의해 달성된 t년도의 현금흐름이라고 하자. 일련의 현금흐름의 현가 $\widetilde{X}_1(1-\tau_c)$, $\widetilde{X}_2(1-\tau_c), \ldots$는 부채가 없는 기업의 가치 V_U와 같아야 한다. 영구부채의 매년 법인세 절감액의 현재가치 $r_D \tau_c D$는 $\tau_c D$가 된다.

결론적으로, 기업의 세전현금흐름은 자본구조변화에 의해 영향을 받지 않으며 거래비용과 차익거래기회가 없고, 법인세율 τ_c는 존재하지만 개인소득세은 존재하지 않는다고 가정한다면, 무위험영구부채를 가진 기업의 가치는 부채가 없는 기업의 가치와 법인세율과 부채의 곱을 합계가 된다.

$$V_L = V_U + \tau_c D \tag{3-3}$$

기업의 가치는 레버리지가 증가하면서 $\tau_c D$ 만큼 증가하며, 이것은 레버리지에 의한 혜택이다. 세금을 공제할 수 있는 부채가 주주에게 현금흐름을 증가시킬 뿐만 아니라 기업가치를 증가시키는지를 설명하기 위해서 (예 3-3)은 법인세를 고려하여 (예 3-2)에 대한 답을 다시 산출한다.

예 3-3 주주와 채권자로의 현금흐름에 대한 법인세 효과

김상식씨는 회사의 주식을 10%를 소유하고 있으며 기업은 10,000 달러부터 60,000 달러까지 부채수준을 증가하고 있다. 기업은 무이표채 대신 영구사채를 이용하며 발행주식에서 50,000 달러를 회수한다.

김상식씨의 현금흐름을 1) 원래의 낮은 레버리지 시나리오에서 2) 투자자가 주식 5,000 달러를 매각하고 사채 5,000 달러를 매입하여 자본구조변화를 원래상태로 하고자 하는 높은 레버리지 시나리오에서 김씨의 현금흐름을 계산해 보자. 법인세는 τ_c이다.

답 낮은 부채수준의 경우 현금흐름은

$$\widetilde{C}_{\text{저부채}} = 0.1[\widetilde{X} - r_D 10{,}000](1-\tau_c)$$

김씨의 포트폴리오에서 변화를 상쇄하는 부채레버리지 50,000달러의 증가는 다음과 같은 현금흐름을 생성한다.

$$\begin{aligned}\widetilde{C}_{\text{고부채}} &= 0.1[\widetilde{X} - r_D 60{,}000](1-\tau_c) + r_D 5{,}000 \\ &= 0.1[\widetilde{X} - r_D 10{,}000](1-\tau_c) + r_D 5{,}000\end{aligned}$$

(예 3-3)처럼 사채 50,000 달러를 추가발행하여 주식 50,000 달러를 재구입하므로써 부채가 증가하는 기업을 주주들은 선호한다. 이러한

경우에 기업에서 10% 주식투자자들은 주식 5,000 달러를 매각한 대금으로 사채 5,000 달러를 구입하면 $r_D \tau_c$ 5,000 달러만큼 현금흐름을 증가시킨다.

5. 개인소득세가 자본구조에 미치는 영향

연금기금과 같은 면세주주는 기업의 현금흐름이 자본수익의 크기에 영향을 미치지 않는 한 이자, 배당 또는 자본차익과 같은 지급방법이나 형태에 개의치 않는다. 기업의 현금흐름이 내부유보 또는 배당금의 형태 대신 이자로 지급될 경우, 주주와 채권자에 대한 총현금흐름이 상대적으로 크기 때문에 면세주주는 높은 부채비율의 기업을 선호한다. 그러나, 개인소득세를 지불하는 투자자는 자본차익에서 얻는 소득을 선호한다. 왜냐하면 자본차익은 항상 이연할 수 있고 이자나 배당이익보다 더 낮은 세율이 적용되기 때문이다. 따라서, 주주들은 자본차익소득에 대한 선호로 인해 레버리지비율이 낮은 기업을 선호한다.

1) 개인소득세가 부채와 자기자본이익률에 미치는 영향

먼저 개인소득세가 투자자들이 주식 대신 부채를 선호하도록 유인하는 기대필수수익률에 미치는 영향을 살펴 보자. 일반적으로, 사채는 주식보다 위험이 적어 예상수익률이 낮다. 사채는 무위험이자를 표면이자율 r_D로 지급하고 또한 투자자는 위험중립적이라고 가정하고 일반적으로 세전제로베타기대수익으로 간주되는 기대자기자본수익률 $\bar{r}_E$는 세금의 존재때문에 타인자본이익률 r_D과 다르다.

■ **타인자본을 선호하는 투자자와 자기자본을 선호하는 투자자** : 세금과 시장마찰이 없다면 기대제로베타주식이익과 무위험부채이익은 동일하다. 그러나 개인소득세가 존재한다면 주식자본차익이 부채자본이익보다 일반적으로 매우 적게 과세되는 현상을 설명할 필요가 있다. 세금에 관련된 불이익을 보충하기 위해 세전부채자본이익은 세전기대제로베타주식이익을 초과해야한다.

면세투자자들은 세전이익의 차이로 인해 주식보다 부채증권을 선호한다. 그러나 이익의 차이가 크지 않다면 고세율계층의 투자자들은 부채보다 주식을 더 선호한다. 부채와 주식의 선택에 무차별한 투자자 역시 마찬가지다. 이런 무차별한 투자자에게 다음 조건이 만족되어야 한다.

$$r_D(1-\tau_D) = \bar{r}_E(1-\tau_E) \qquad (3\text{-}4)$$

만일 특정한 투자자에게 $r_D(1-\tau_D) > \bar{r}_E(1-\tau_E)$이라면 즉, 부채투자이익률이 주식투자이익률보다 크다면 투자자는 주식보다 부채를 선호할 것이다.

■ **투자자들이 동일한 세율을 가질 경우**: 개인소득세가 부채발행과 주식발행의 선택에 어떤 영향을 미치는지를 이해하기 위해 기업의 채권자와 주주에게 배분되는 총현금흐름을 고려해 보자. 개인소득세율 τ_D, τ_E는 투자자에 따라 서로 다르지 않다고 가정해 보자. 세후현금흐름 C는 법인세율, 개인소득세율과 자본조달방법에 의해 결정된다.

따라서, 현금흐름은 채권자에게 이자로 지급되고, 이자는 개인소득세와 세후이자소득으로 채권자에게 배분된다. 또한 현금흐름은 주주에게도 지급되어, 개인소득세와 개인소득로 배분된다. 총현금흐름은 채권자의 세후수익과 주주의 세후수익의 합으로 배분된다.

$$C = (X - r_D D)(1-\tau_c)(1-\tau_E) + r_D D\ (1-\tau_D) \quad (3\text{–}5)$$

(식 3-5)를 다시 정리하면,

$$C = X(1-\tau_c)(1-\tau_E) + r_D D[(1-\tau_D) - (1-\tau_c)(1-\tau_E)] \quad (3\text{–}6)$$

(식 3-6)의 마지막 부분은 부채이용에 따른 감세혜택을 나타낸다. 만약 부채수준이 영구히 확정된다면 감세혜택은 채권자나 주주에게 발생하는 면세영구연금으로 볼 수 있다. 이것은 세후사채이익률이나 세후주식수익률로 연금이 생성하는 현금흐름을 할인하여 평가될 수 있다. 감세혜택의 현재가치는

$$\tau_g = 1 - \left[\frac{(1-\tau_c)(1-\tau_E)}{(1-\tau_D)} \right] \quad (3\text{–}7)$$

(식 3-7)에서 τ_g가 양(+)이라면 기업은 세금채무를 제거하기에 충분한 부채를 발행할 것이다. 만약 (식 3-7)에서 τ_g가 음(-)이라면 기업은 부채를 이용하지 않을 것이다. τ_g가 제로라면 기업은 부채수준에 대해 개의치 않을 것이다.

$$(1-\tau_D) = (1-\tau_c)(1-\tau_E) \quad (3\text{–}8)$$

이 식이 성립된다면, 모든 투자자는 직접적으로 개인소득세를 지불하고, 간접적으로 기업의 세전수익에 대한 세금을 지불한다. 또한 이 식은 이익이 채권자에게 이자로 배분되든 주주에게 자본이익으로 배분되든 관계없이 성립된다. 그러므로 투자자와 (식 3-8)이 성립된다면 기업은 자본구조선택에 개의치 않는다. 이 조건은 (식 3-4)에서 투자자들이 부채와 주식의 선택에 개의치 않는 조건과 다르다.

아래에서 보여주는 것처럼 제로베타기업의 세후자본비용은 (식 3-8)이 적용되고 투자자가 부채에 투자하든지 주식에 투자하든지 개의치 않는다면 부채와 주식에게 동일한 비용이 될 것이다. (식 3-8)과 (식 3-4)를 결합하면

$$r_D(1-\tau_c) = \bar{r}_E \tag{3-9}$$

상기 식의 왼쪽은 부채의 세후비용과 오른쪽은 주식의 세후자본비용이다. 그러므로 (식 3-9)에서 기업의 위험프리미엄을 조정한 세후자본비용은 투자자의 개인소득세율이 타인자본에 의한 자본조달과 자기자본에 의한 자본조달을 차별하지 않을 경우 타인자본과 자기자본에 대해 동일한 의미를 가지게 한다 또한 (식 3-9)의 왼쪽이 오른쪽보다 클 경우 투자자가 개의치 않는다면 자본비용이 보다 낮은 자기자본으로 자금을 조달하는 것이 유리할 것이다.

2) 세전이익이 음(-)인 경우 자본구조선택

지금까지 기업은 항상 이자감세혜택(interest tax shields)를 이용한다고 가정하였다. 그러나 이러한 가정은 많은 기업에세서 비현실적이다. 많은 기업은 이자세금공세를 고려하기 이전에도 매우 낮은 세전이익을 가지고 있다. 예를 들어, 연구개발, 감가상각공제와 같은 비부채세금혜택을 가지는 많은 신생기업은 세전이익이 거의 없다. 이러한 사실은 서로 다른 기업은 서로 다른 부채와 주식의 구성으로 최적자본구조를 이룬다는 이론을 개발할 수 있게 한다.

세전이익이 적은 기업은 레버리지와 관련된 감세효과를 항상 이용할 수 없기 때문에 법인세를 확실히 지불하는 기업이 (식 3-9)을 만족

한다면 주식발행을 더 선호할 것이다. 다시 말하면, 감세혜택을 확실히 이용하여 부채와 주식발행에 무차별한 기업은 감세혜택의 이용이 불확실한 경우에는 주식발행을 선호한다.

부채발행기업은 감세혜택을 이용하려면 세후타인자본비용은 자기자본비용보다 적어야 한다. 만약 기업이 자본구조에 자기자본을 포함하는 경우, 타인자본조달비용이 감세혜택이 없다면 타인자본비용이 자기자본비용보다 커야한다. 식으로 표현하면,

$$r_D > \bar{r}_E > (1-\tau_c)\, r_D \tag{3-10}$$

(식 3-10)를 살펴보면 양(+)의 과세수익을 가진 기업이 부채를 더 발행하였더라면 보다 낮은 자본비용을 가질 수 있었을 것이다. 그러나 $r_D > \bar{r}_E$ 의 부등식은, 음(-)의 세전이익을 가진 기업은 감세혜택을 이용할 수 없고 주식발행으로 자본조달을 하였더라면 보다 낮은 자본비용을 이루었을 것이다.

(식 3-10)의 부등식이 성립된다면, 기업은 부채와 자기자본으로 구성된 최적자본구조를 가질 수 있을 것이다. 확실한 상황에서는 최적자본구조는 기업의 과세이익($X = r_d D$)을 제거하기에 충분한 부채를 포함하는 것이다. 기업이 과세이익에 대해 불확실할 경우에는 최적부채수준은 감세혜택을 가질 수 없는 높은 부채비용과 감세혜택을 가질 수 있는 낮은 부채비용을 비교하여 최대감세혜택을 이용할 수 있는 타인자본구조를 가지는 것이다.

감가상각비나 연구개발비와 같은 비부채감세혜택은 부채의 크기에 관계없이 음(-)의 과세소득을 가지는 경향때문에, 기업은 비부채감세혜택이 없는 기업보다 낮은 부채 수준을 가져야 한다. 비부채감세혜택은 상당한 성장가치는 있으나 당장 과세소득이 거의 없는 생명공학

기업의 자본구조에는 중요한 결정요인이 된다. 그러나 비부채감세혜택은 역사가 오래된 양(+)의 과세소득을 가진 대기업의 자본구조선택과는 관련성이 없다. 만일 대기업이 현재 음(-)의 과세소득을 가진다면 손실을 과거이익을 상쇄하는 데 이용하고 즉시 상환액을 받는다. 세금손실이 크다면 미래이익을 상쇄하기 위해 손실을 이연할 것이다. 그러므로 대기업에게 부채이용에 따른 세금혜택을 받지 못할 가능성은 희박하다. 그래서 오직 세금의 관점에서는 대기업은 새로운 투자안을 부채로 조달하는 방법이 더 좋을 것이다. 그러나 감가상각과 연구개발비가 많은 신생기업은 오랜 기간동안 과세소득이 음(-)이거나 약간의 양(+)일지도 모른다. 만약 이 기업이 상당기간에 걸쳐 손실을 이연시킬 수 있을 때조차 기업은 세금감세의 이점을 이용할 수 없을지도 모르기 때문에, 신생기업은 부채 대신 주식으로 투자안의 자본조달하는 것이 더 좋을 것이다.

6. 인플레이션이 부채의 감세혜택에 미치는 영향

기업의 부채증가에 따른 감세혜택은 $r_D D[(1-\tau_D)-(1-\tau_c)(1-\tau_E)]$으로 차입이자율이 여러 이유로 변할 수 있지만 인플레이션예상율의 변화가 보다 중요하다. 투자자가 인플레이션을 높게 예상한다면, 명목차입이자는 구매력감소를 반영하기 위해 높아질 것이다.

Fisher(1930)의 이자율이론은 이자율과 인플레이션과의 직접적 관련성을 주장한다. 즉, 인플레이션이 1% 증가한다고 예상하면 명목이자율 역시 약 1%로 증가한다는 것이다. 이 이론은 인플레이션 증가는 이자세금감세를 이용하금감세를 이레버리지와 관련된 세금이익을 증가시킨다고 한다. 인플레이션 증가는 결국 높은 감세효과를 창출하금감 명목차입비용의 증가를 의미한다.

7. 부채와 세금에 관한 실증적 분석

지금까지 세금이 기업의 부채와 자본구조결정에 중요한 역할을 한다는 사실에 대해 논의하였다. 세전영업이익이 상당한 기업은 이자의 세금공제에 따른 이점을 이용하기 위해 상당한 자본을 부채로 조달하여야 한다. 그러나 감가상각비나 연구개발비와 같은 비세금혜택이 큰 기업은 기업가치에 비교해 영업이익이 낮고 부채비율이 낮은 경향이 있다. 따라서, 기업의 비부채세금혜택과 부채비율 사이에는 음(-)의 상관관계가 나타난다.

1) 세전영업이익과 부채비율

실증적 분석에서 납세전 영업이익이 큰 기업이 상대적으로 낮은 부채비율을 보이고 있다는 결과는 본 장에서 제시하는 명제와 상반되고 있다(Titman and Wessels(1988)). 영업이익과 부채비율의 음(-)의 상관관계는 아마도 기업이 새로운 자본에 거의 투자하지 않기 때문에 발생하는 것 같다.

- 비부채세금공제와 부채자본의 이용은 양의 상관관계가 있다. 왜냐하면 기업은 세금감세투자와 감가상각공제를 발생시키는 대부분 자본적 지출을 부채로 조달하는 경향이 있기 때문이다.

- 영업이익이 부실한 기업은 비용을 충족하기위해 부채를 계속 이용하는 경향이 있다.

그러나 상기명제에 의하면 기업은 주식발행을 고려할 때도 세금의 감세효과를 고려한다고 해석된다. 기업이 상당한 양의 부채 또는 자본을 신규발행할 경우 당연히 세금혜택을 고려한다. 이자공제의 혜택을 받지 못하는 기업은 부채보다 자기자본으로 자금조달하는 경향이 있다. 대조적으로 상당한 과세소득이 있는 기업은 부채로 자금조달하는 경향이 있다.

8. 리스의 감세효과

본 절에서는 장기자금 조달방법인 리스에 관련된 세금효과의 장점과 단점을 고려한다.

1) 운용리스와 자본리스

운용리스는 일반적으로 자산의 서비스를 일정기간동안 얻기 위한 계약을 말한다. 예를 들어, 자동차를 3년 동안 임대하는 데 있어, 리스는 연장되거나 연장되지 않을 수 있다. 자본리스로 알려진 금융리스에서 리스계약은 자산의 내용기간을 넘어서 연장된다.

운용리스를 얻는 결정은 일반적으로 자산을 사고 파는 데에 관련된 거래비용과 관련이 있다. 예를 들어, 두 달만 자동차가 필요하다면 차를 사는 것보다 임대하는 것이 상식이다. '리스와 구입'의 선택에 관련된 다른 문제점은 자산의 재판매가치에 관련된 정보, 리스기간말에 잠재적 재협상문제 그리고 인센티브문제를 포함한다.

운영리스에 관련된 제반고려사항은 차입자금으로 자산을 구매하는 재무리스에서는 훨씬 덜 관련된다. 차입금으로 자산을 구매하는 방법과 설비를 리스하는 방법의 주요차이는 세금처리에 영향을 미치는 지급시기와 관련이 되어 있다.

2) 리스와 자본자산의 세후비용

일반적으로 저세금계층은 고세금계층으로부터 시설을 임대하는 유인을 가지고 있다. 이러한 유인의 문제를 이해하기 위해 경영대학이 새 건물로 옮길 때 당면하는 문제를 고려해 보자. 비록 대학이 빌딩을 구입하는 대신 임대하는 대안을 고려하지 않지만, 두 대안의 세금차이를 살펴 보자. 우선, 빌딩을 소유한다고 가정하면 50년에 걸친 저당권의 상각으로 잔존가치는 없을 것이다. 저당권 상각은 빌딩의 연수에 따른 시장가치손실과 빌딩유지비용을 합한 금액이 빌딩의 감가상각액과 동일하다고 가정한다. 대학은 면세기관이기 때문에 임대비용과 소유비용의 계산은 간단할 것이다. 연간 빌딩소유비용은 부채상환액에 이자를 더한 금액이라 할 수 있다.

■ **경쟁시장에서 차입비용:** 임대시장이 경쟁적이라면 빌딩을 소유한 임대인의 비용을 임차인에게 전가하여야 한다. 경영대학의 경우 빌딩의 임대비용을 계산하기 위해 임대인이 법인세를 내야 한다는 가정에서 이 비용을 보상하는 임대율을 적용해 보자.

$$임대비 \times (1 - \tau_c) = 부채 + 이자 \times (1 - \tau_c) - 감가상각비 \times \tau_c \quad (3\text{–}11)$$

이 식은

$$임대비 = (부채 - 감가상각 \times \tau_c) / (1 - \tau_c) + 이자가\ 된다. \quad (3\text{–}12)$$

■ **언제 구매보다 임대가 저렴한가?** : 앞에서 저당권은 부채상환이 항상 감가상각과 동일하다는 감모상각계획을 가진다고 가정했다. 저당이 감모상각(amortigation)되는 비율로 빌딩이 감가상각된다면, 감가상각공제와 부채상환은 이 경우에 동일하다. 상기 식은 다음과 같이 변형될 수 있다.

$$임대지급비 = 부채상환액 + 이자 \quad (3\text{–}13)$$

상기 식은 연간 임대지급비는 연간 빌딩소유비용과 동일하다는 것을 의미한다. 이것은 가속감가상각(accelerated depreciation)의 이점을 이용할 수 있는 임대인이 (식 3-13)에서 주어진 임대지급흐름으로부터 차익을 얻는다는 것을 의미한다. 왜냐하면, 세금혜택흐름이 일정하다고 가정하면, 세금혜택이 빨리 발생할수록 현재가치는 더욱 커지기 때문이다. 따라서 (식 3-13)에 명시되어 있는 임대비로 자산을 구입한 다음 임대를 하여 가속상각을 할 수 없는 투자자에게 임대를 제로순현가로 제공한다면 가속상각으로부터 조기발생한 세금혜택은 동일한 투자안에서 양의 순현가가 발생하게 한다. 따라서, 투자자는 빌딩의 낮은 임대비를 쉽게 충당하며, 여전히 수익을 낼 수 있다. 대학이 면세기관이기에 빌딩감가상각으로 부터 세금혜택을 받을 수 없어 투자자가 빌딩을 바로 구매하는 것보다는 임대하는 것이 저렴할 것이다.

부록

Miller(1976)는 '부채와 세금'이라는 논문에서 기업이 투자자본을 조달을 하는 데 필요한 주식과 부채에 대해 무차별하다는 균형모형을 제시하였다. 밀러의 균형모형에서는 기업의 세후타인자본비용과 자기자본비용이 동일하게 된다.

금융증권시장에서는 부채나 주식의 공급과 수요가 일치하는 점에서 균형이 이루어진다. 밀러의 균형모형을 이해하기 위해서는 법인세이전 자기자본비용과 타인자본비용이 동일하다면, 타인자본은 세후자기자본보다 저렴하게 된다. 기업이 자본구조에 타인자본을 증가할수록 가중평균자본비용은 하락하게 된다. 따라서, 기업은 자사주를 재구입하기 위해 사채를 발행할 것이다.

아래 표에서 밀러균형모형은 부채에 대한 공급곡선은 편평하다. 밀러는 부채발행비용이 없을 경우 타인자본비용이 자기자본비용보다 저렴하다면 사채발행을 계속할 것이며 반대의 경우에는 주식발행을 할 것이라고 주장하였다. 타인자본의 수요곡선은 비과세투자자의 자금이 모두 공급될 때까지 평행선을 그리고 있다. 과세투자가의 부채에 투자유인가 지기 위하여 과세에 대한 수익프레미엄이 제공되어야 한다.

Miller균형모형을 이해하기 위해서는 무위험사채와 주식의 세전이익이 같을 경우, 무위험사채와 주식의 세후이익이 같아질 때까지 기업은 주식을 사채로 교체하도록 채권자에게 이익을 제공할 것이다.

이 균형모형에서 사채와 주식의 선택에 무차별한 투자자는 다음 식을 가질 것이다.

$$r_D(1-\tau_D) = \bar{r}_E(1-\tau_E)$$

공급곡선에서 균형은 다음 식을 만족해야 한다.

$$r_D(1-\tau_c) = \bar{r}_E$$

상기 두 식을 결합하면 무차별한 투자자에 대한 세율은 다음과 같다.

$$(1-\tau_D) = (1-\tau_c)(1-\tau_E)$$

상기 식이 만족되면, 부채의 세금감세효과 τ_g는 제로가 된다. 다시 말하면, 주식과 사채에 무차별한 투자자의 개인소득세의 견지에서는 기업이 부채자본조달에 의한 세금감세혜택은 없게 된다. 즉, 국민경제 총체적 견지에서 최적자본구조는 존재하지만 개별기업의 견지에서는 최적자본구조가 존재하지 않는다는 것이다.

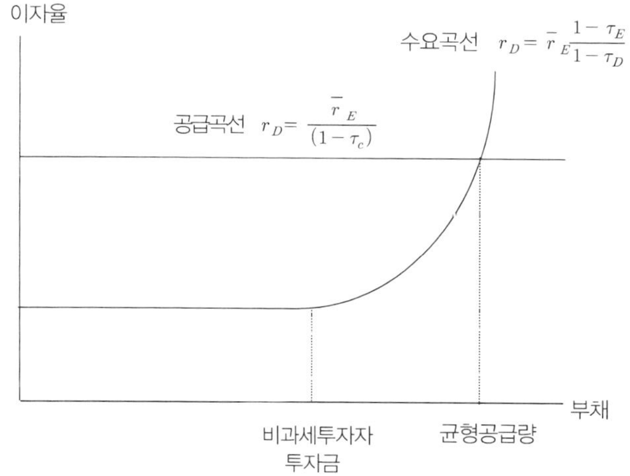

4장

소유와 통제의 분리, 이해갈등 및 재무정책

본 장에서는 완전시장의 가정을 완화하고 실제시장의 상황에 따른 보다 현실적인 기업재무결정에 관한 이론을 살펴 볼 것이다. 기업의 소유구조, 경영 및 계약조건은 기업의 투자정책 자본조달정책 및 전략 나아가 기업가치에 지대한 영향을 미치고 있다. 완전자본시장의 전제에서는 투자결정이 이미 이루어졌기에 기업의 자본조달결정은 투자결정과 관련성이 없다는 명제가 성립될 수 있다. 모딜디그라니-밀러(MM)의 명제 1이 예시하는 바와 같이 기업의 자산이 특정하게 주어지면, 자본조달선택이 채권자와 주주사이에 위험과 가치의 배분을 결정하세 된다. 완전자본시장의 가정에 관계없이 시장에서 기업의 자산, 부채 및 주식의 가치가 결정되는 방법은 기본적 문제이다. 다시 말하면, 경영자의 궁극적 목적은 무엇인가? 기업의 최적규모와 소유구조는 얼마인가? 또는 경영자는 기업의 자본구조를 어떻게 결정하는가? 기업의 투자결정과 자본조달결정의 상호작용은 존재하는가? 같은 기본문제가 제기된다. 이러한 기본문제를 이해하기 위해서는 기업의 소유구조, 경영 및 계약조건을 이해하여야만 한다.

1. 완전시장가정에 대한 현실적 고려

본 절에서는 현실적 시장요인이 기업의 재무정책에 미치는 효과를 간략히 논의한다. 현실적 시장요인에 따라 완전자본시장의 가정을 완화하면서 논의할 것이다.

1) 시장마찰요인

완전자본시장의 첫 번째 가정은 자본시장에서 마찰요인(friction)이 없다는 것이다. 즉, 시장에 거래비용과 세금이 없다는 것이다. 이 가정은 현실적으로 다음과 같은 다섯 가지의 의미를 가지게 된다.

① 개인소득세와 거래비용은 차익기회(arbitrage)를 추구하는 투자자에게 영향을 미친다. 차익기회는 MM명제, 자본자산가격결정모형, 이항가격결정모형 및 블랙-숄즈 옵션가격결정모형의 기본개념이 되고 있다.

② 개인소득세와 거래비용이 투자자와 증권에 미치는 차별적인 특성은 증권의 가치와 증권에 대한 선호도에 영향을 미칠 수 있을 것이다.

③ 기업의 이익은 과세대상이 되지만 배당금은 과세대상이 안된다면, 타인자본과 자기자본에 대한 선호는 세금의 기업가치에 대한 효과에 의해 부분적으로 결정될 수 있을 것이다.

④ 기업이 증권을 발행하는 데 막대한 거래비용이 발생한다면, 수익성이 있는 투자기회를 회피할 수도 있고, 타인자본과 자기자본의 선택에도 영향을 미치게 된다. 만일 타인자본의 발행비용

이 자기자본의 발행비용보다 적다면 기업은 타인자본을 발행하는 것이 보다 합리적일 것이다. 또한 내부금융을 이용한 투자자본조달이 비용이 가장 적게 발생한다면 타인자본을 적게 가지려 할 것이고 주주에게 배당금을 감소시킬 것이다.

⑤ 재무곤경과 파산은 기본적으로 기업의 타인자본비율과 관련이 있기에 타인자본증권의 발행을 억제시킬 수 있다.

2) 동질적 기대

완전자본시장의 두 번째 가정은 모든 시장참여자는 기업의 가치에 관련되는 모든 정보를 동일하게 가지고 있다는 것이다(homogeneous expectation). 이 가정은 기업의 재무결정에 영향을 미치는 현실적 문제보다 증권시장의 질적 문제를 적절하게 고려치 않고 있다. 즉, 경영자와 투자자 사이에는 정보의 불균형이 존재하며 경영자는 내부자로서 외부자보다 기업가치에 영향을 미치는 정보를 보다 많이 가지고 있다고 하겠다.

3) 미소한 경쟁

완전자본시장의 세 번째 가정은 모든 투자자는 微少(atomistic)하다는 것이다. 즉, 투자자가 특정한 기업의 증권을 매입하려는 富는 특정한 기업의 증권의 총가치에 비해 극히 미소하다는 것이다. 현실적으로 이 가정에 위배되는 두 가지 요인이 존재하고 있다. 첫째, 개별투자자가 개별기업의 증권의 상당부분을 매입하거나 판매할 수 있는 충분한 부를 가지고 있다면, 개별투자자의 거래는 증권의 시장가치에 영향을 미칠 수 있다. 따라서, 기업의 증권가치와 재무결정은 특정개인의 선호도와 가치평가에 의존할 수 있다. 두 번째로, 기업자체도 상당한 양의 증권을 발행할 수 있고, 상당한 증권의 재매입할 수 있다. 이러한 거래는 증권의 시장가치에 영향을 미칠 수 있다.

■ 주주–경영자의 주인–대리인 문제

기업의 소유구조가 매우 분산되어 있다는 규정은 미소한 경쟁에 대한 가정과 관련성이 매우 높다. 특정한 투자자가 특정한 기업에 상당한 부를 투자하지 않았다면, 투자자는 경영자가 주주를 위해 행동하도록 감독하는 유인을 갖지 않을 것이다. 이러한 상황에서 경영자가 주주의 이해를 위해 행동한다는 것을 기대하지 어려울 것이다. 대신, 경영자는 주주의 부보다는 자신의 효용을 극대화할 수 있는 방식으로 기업을 경영하려 할 것이다. 주주가 주인(principal)이고 경영자가 대리인(agent)인 상황에서 주인-대리인의 이해갈등이 발생한다.

계약이론에 의하면 대리인은 주인의 이해를 증진하기 위해 주인에 의해 고용된 고용자이다. 대리인은 주인의 이해와 갈등적 관계에 있는 자신의 이해를 증진하기 위한 유인을 가지고 있다. 따라서, 주주와 대리인의 이해갈등을 완화할 수 있도록 경영자가 자사주를 소유하도록 하는 요구사항이 나타나게 된다. 경영자의 자사주 보유조항은 불완전하고 비용을 발생하지만 경영자와 주주의 이해를 조정하는 효과가 있다. 이 요구사항은 미소한 경쟁의 가정을 본질적으로 위배하며 나아가 주식의 유동성도 위축시킨다.

4) 확정적 투자

기업의 투자자본이 확정적이라는 가정을 완화하면 투자 및 자본조달결정의 상호작용에 대한 새로운 인식을 가질 수 있다. 예로서, 기업의 타인자본과 자기자본으로 투자자본을 조달한다고 가정해 보자. 타인자본이 본질적으로 위험하다면, 주주의 이해를 위해 행동하는 경영자는 채권자에서 주주로 부의 이전을 초래할 수 있도록 투자계획을 진행할 것이다.

모든 시장참여자가 기업의 자본투자계획에 대해 상세히 사전적으로 알고 있다는 가정의 위배는 문제가 될 수 있다. 원칙적으로 기업의 경영자는 전략적 정보를 대외적으로 공개치 않는다. 따라서 정보의 불균형은 특정한 기업이 발행한 증권의 시장가치에 대해 불리한 영향을 미칠 수 있다. 이러한 문제에 대한 해결방안으로 경영자는 개인적으로 자사주를 대량구입하므로써 시장에 긍정적인 정보효과를 전달할 수 있다. 결국, 미소한 경쟁의 가정은 무너지게 마련이다. 다시 말하면, 완전자본시장의 가정은 현실적인 문제를 해결하기 위해 위배되기 마련이다.

5) 고정적 자본조달계획

기업이 타인자본과 자기자본의 일정한 비율로 자본조달을 하고 사후에 추가적으로 타인자본을 발행하여 주주에게 배당금을 지급한다고 가정해 보자. 만일 신규부채가 기존부채와 동일한 우선권을 가지게 된다면, 기존부채의 가치는 소위 청구권희석(claims dilution)에 의해 하락할 것이다. 주주가 신규부채발행에 대한 유인을 가지고 있다면, 주주의 부는 기존채권자의 손실만큼 증가하게 될 것이다. 따라서, 주주는 기존채권자로부터 부를 탈취하는 셈이다.

상기 예시는 주주-대리인의 갈등으로 채권자는 주인이고 주주는 대리인이 되는 셈이다. 경영자가 주주를 대신하여 탈취적인 행동을 한다면 부채를 통해 자본조달을 하고자 하는 기업의 능력에 심각한 영향을 미칠 것이다.

2. 경영자의 임무: 기업가치 극대화

전통적으로 주주가 경영자에게 기대하는 기본적 임무는 기업가치의 극대화라고 말할 수 있다. 그러나 기업가치의 극대화는 과연 경영자에게 적절한 임무로 인식되어지고 있는가에 대해 기본적인 의문이 제기된다.

1) 완전한 계약과 완전자기자본조달에서 가치극대화

관련되는 주제의 논의범위를 제한하기 위해 두 가지 가정을 제안해보면, 첫째, 기업은 자기자본만으로 조달되며, 주식은 다양한 집단에 의해 소유하고 있고, 유동시장에서 일반대중에게 공개적으로 거래되고 있다. 둘째, 주주는 경영자와 완전한 계약을 가지고 있다. 즉, 주주는 경영자가 주주의 이해를 위해 행동하도록 계약을 설계할 수 있다. 이러한 가정에서는 기업의 시장가치극대화는 주식의 시장가치극대화와 일치한다.

2) 효율적 시장가설에서 시장가치

주식의 시장가치는 투자자의 거래에 의해 결정된다. 투자자가 이성적이라면 기업의 시장가치는 미래기대현금흐름의 현재가치가 진정한 가치라고 말할 수 있다. 이러한 논리는 효율적 시장가설(Efficient Market Hyothesis)에 근거를 두고 있다.

투자결정에 있어서 경영자는 기업의 시장가치를 증가할 수 있는 모든 투자안을 채택한다. 그러나 경영자는 시장이 투자안의 미래현금흐름을 어떻게 평가하는 가를 알고 있다면 투자안의 순현가를 평가할 수 있다. 즉, 경영자는 시장의 가격결정과정에 대해 가지고 있는 지식에 의존한다. 예로서, 자본자산가격결정모형은 위험스러운 자산에 대한 가격결정을 정확하게 반영할 수도 하지 못할 수도 있다.

효율적 시장가설은 특정한 가격결정모형에 의존하고 있지 않다. 효율적 시장가설은 시장에서 가격결정과정을 규명하지 않는 시장가격에 대한 정성적 측면(qualitative statement)에 대해 언급하고 있다. 이 가설은 투자자는 이성적으로 계속 투자안 또는 기업에 관한 모든 정보를 투자안 또는 기업의 가치를 결정하는 데 총합(aggregation)한다고 언급하고 있다.

자본조달결정에 있어서 효율적 시장가설은 완전자본시장조건과 현실상황을 동시에 적용하고 있다. 완전자본시장가설에서는 기업의 자본조달결정은 기업가치와 관련성이 없다고 주장하고 있다. 그러나 효율적 시장가설이 주장하는 주요논지는 자본조달결정이 기업의 미래현금흐름의 가치에 관해 아무 정보도 전달하지 않을 경우에는 기업가치와 무관련하다는 것이다. 기업의 자산은 확정적이고 사전에 알려졌기에 사후 자본조달결정은 새로운 정보를 전달하지 못하기 때문에 완전자본시장에서 자본조달결정은 기업가치와 무관할 수 밖에 없다. 그러나 현실적으로 자본조달결정은 기업이나 투자안의 가치에 관해 시장에 새로운 정보를 전달할 수 있다.

기업이 자기자본으로만 자본조달을 한 경우, 기업가치의 극대화가 경영자의 올바른 임무라고 정당화할 수 있다. 첫째, 시장이 효율적이라면 기업의 시장가치는 기업의 진정한 가치이다. 즉, 기업의 시장가치는 기업의 위험과 이익잠재력에 관한 상당한 정보를 이성적으로 통합하여, 경영자는 기업의 시장가치를 보다 좋은 재무결정을 위한 지표로 이용할 수 있다. 둘째, 미래소비효용을 극대화하려는 주주의 궁극적 목적은 시장가치의 관점에서 측정된 개인적 부를 극대화하므로써 달성될 수 있다.

3. 주식가치 극대화

경영자는 의사결정과정에서 주주가 아닌 직접적 또는 간접적으로 지분을 가지고 있는 다른 이해관계자의 이해를 반영하여야 한다. 그러한 외부이해관계자는 다음과 같다: a) 정부는 기업의 이익과 영업활동에 제약을 부과한다, b) 채권자는 기업의 미래현금흐름과 자산에 대해 청구권을 가지고 있다, c) 종업원은 개인소득과 의료 및 퇴직수당을 기업에 의존하고 있다, d) 공급업자의 영업활동과 이익은 기업과 긴밀하게 연결되어 있다, e) 소비자는 기업이 제공하는 재화나 용역을 소비한다, f) 사회는 기업의 활동에 의해 혜택을 보거나 손해를 보게 된다, g) 경영자는 궁극적으로 자신의 개인적인 효용을 극대화하는 데 주요관심을 두고 있다.

기업의 경영자는 다양한 이해관계자의 이해를 어떻게 조정하여야 되는가?

1) 계약결합체로서 기업

경영자는 다수의 이해관계자가 기업의 영업 또는 자본조달에 중요한 역할을 한다는 사실을 인식하여야 한다. 그러나 모든 이해관계자는 자신의 이해를 위해 행동하기 때문에 갈등이 발생하기 마련이다. 이해갈등의 해결은 경영자가 수행하여야 할 중요한 과업이다. 계약은 경영자가 이해갈등을 해결하는 중요한 수단이다. 실제로, 기업은 기업과 이해관계자간의 계약결합체(nexus of contracts)로 기술될 수 있다(Jensen and Meckling, 1976). 모든 계약은 부분적으로 경영자의 통제에 귀속되는 동시에 경영자를 제약하게 된다. 모든 계약은 기업의 위험과 수익성에 나아가 주식의 시장가치에도 영향을 미치게 된다. 결국 주주는 모든 이해관계자의 이해가 조정된 후 미래현금흐름의 잔여분에 대한 청구권을 가지는 셈이다.

2) 주식가치 극대화

기업의 이해관계자로서 주주는 전통적인 '기업가치 극대화'란 임무를 경영자에게 부여하여야 되는가 아니면 대체적인 임무를 부여하여야 되는가 하는 의문을 다시금 가지게 된다. 간단히, 경영자에게 '주식가치 극대화'라는 의무가 부여되어야 한다고 말할 수 있다.

경영자는 비록 기업가치의 극대화란 목표를 달성치 않더라도 주주가 아닌 이해관계자의 이해를 극대화하지 않더라도 주주가치의 극대화를 위해 노력을 하여야 된다. 다시 말하자면, 주가극대화라는 목표를 통해 주주의 이해를 지속적으로 극대화하여 다른 이해관계자와의 이해갈등을 해결하는 방법을 추구하여야 한다.

주가극대화의 목표에서는, 모든 이해관계자는 경영자는 주식의 시장가치를 극대화하기 위해 이해관계자의 청구권의 가치를 최소화하려는 경향이 있다는 사실을 깨달을 것이다. 예로서, 종업원은 기업의 경영자가 노동시장의 경쟁상태에 따라 가능한 임금을 제공한다는 사실을 인식하여야 한다. 공급업자와 고객도 마찬가지로 기업은 그들과 거래하는 데 있어 가능한 최대의 이익을 추구하려고 한다는 사실을 인식하여야 한다.

4. 이해관계자로서 경영자

본 절에서는 경영자가 자신을 위한 이해추구가 기업의 가치와 재무정책에 미치는 영향에 관해 살펴 보겠다.

1) 경영자의 보상증가

■ 과도한 특권적 소비

경영자는 특권적 소비(perquisutes)의 형태로 추가적 보상을 얻는 유인을 가질 수 있다. 즉, 경영자는 개인적 이해를 위해 기업의 자금을 지출할 수 있다. 예로서, 경영자는 보다 안락한 해외출장을 위해 자가용비행기을 구입할 수 있고, 유명한 휴양지에서 회의를 개최할 수 있다.

■ 이익과 배당금조작

경영자보상이 자기자본이익률에 의한 기업성과에 근거하고 있다고 가정해 보자. 경영자는 보다 많은 보너스를 받기 위해 이익을 상향조정하려는 유인을 가지게 된다. 또한 경영자는 기업내부에 보다 많은 현금을 유지하기 위해 배당을 줄여 추가적인 보상금을 확보있도록 할 것이다.

■ 가치보다는 규모극대화

경영자가 노동시장에서 경영자의 보상금은 기업의 규모와 높은 상관관계를 보이고 있다. 경영자는 기업의 주가극대화보다는 규모극대화에 대한 유인을 가지게 된다. 경영자는 주주의 이해에 일치하지 않는 과도한 내적 확장, 취득 또는 배당금을 감소하므로서 규모극대화를 추구할 수 있다. 이러한 현상을 과대투자(overinvestment)의 문제라고 한다.

■ 기업자산의 착취

경영자가 자신의 이해를 위해 행동하는 극단적인 예는 기업자산의 착취이다. 경영자는 자기 자신의 계열사를 설립하여 계열사로 현금흐름이 이전되도록 할 수 있다. 자신의 계열사가 주회사에 제공하는 재화와 용역에 대한 호의적인 지급에 의해 착취가 음성적으로 이루어질 수 있다.

2) 경영자의 보상감소

경영자와 주주가 기업의 위험성에 대한 서로 상반된 견해를 가질 수 있다는 사실은 매우 중요한 의미를 가진다. 주주는 분산되어 있기에, 주주의 기업에 대한 위험은 체계적 위험에 한정되어 있다. 경영자의 부의 상당부분은 보상에 의존하고 있기 때문에 경영자는 기업의 총위험에 영향을 받게 된다. 따라서, 경영자는 자신의 행동이 주주의 이해에 관련이 없다 할지라고 총위험을 감소시키는 행동을 하게 될 것이다. 경영자는 기업위험을 나아가 자신이 소유한 포트폴리오의 위험을 감소하기 위해 다음과 같은 행동을 할 것이다.

■ 과도한 분산화

경영자는 주주가치가 아니라 기업규모뿐만 아니라 기업위험을 감소할 수 있는 단순한 규모확장을 위한 합병을 추구할 것이다. 즉, 기업의 영업활동을 여러 산업에 걸쳐 분산하지만 이미 분산된 주주에게는 가치를 제공하지 않는다. 기업이 도산할 확률을 감소시키는 것은 경영자가 해고될 위험을 감소시키는 것이다.

■ 단기성과에 치중한 투자

경영자의 보상이 기업의 이익에 연관되어 있다면, 경영자는 비록 장기적으로는 주주에게 가치를 제공하지 않더라도 우선적으로 단기성과가 우월한 투자안을 선택하는 유인을 가지게 될 것이다. 이러한 편중은 경영자가 조만간 은퇴할 경우 더욱 심각할 것이다.

■ 과소부채

만일 기업이 선택할 수 있는 최적부채비율이 있다면 도산위험과 해고가능성은 부채비율에 따라 증가하기 때문에 경영자는 최적수준의 부채비율보다 낮은 수준의 부채를 선택할 것이다.

■ 경영자안주

경영자는 자신의 능력을 발휘할 수 있는 투자안을 선호하는 경향이 있다. 이러한 경향은 경영자가 적절하게 임무를 수행하지 못할 지라도 주주가 경영자를 사퇴시키지 못하게 한다. 즉, 최고경영자가 안주할 수 있는 기회를 마련하게 되는 셈이다. 또 다른 방법은 기업의 경영자보상계약이나 사채계약에 독약처방(poison pill)을 포함시키는 것이다. 기업의 적대적 매수의 대상이 된 이후 현재 경영진이 해고된다면 사채계약에서 독약풋(poison put)조항은 기업의 사채가 즉각 만기가 되도록 처리할 것이다. 독약처방은 현금비용을 증가시켜 매수의 가능성을 감소시킬 것이다.

경영자가 자신의 직업을 유지하기 위한 또 다른 방안은 그린메일(greenmail)을 지불하는 것이다. 특정한 투자중개자(arbitrageur)가 특정한 기업의 경영진이 상대적으로 무능력하거나 자기이해를 추구하기 때문에 현재 주가가 저평가되었다고 믿고 있다고 가정해 보자. 투자중개자는 저평가된 주식을 다른 투자자와 더불어 상당한 수량을 계속 구입하여 현재 경영진을 해임할 수 있다고 하자. 이러한 과정이 지속된다면, 경영진은 자신의 위치가 위협을 받고 있다고 깨닫아 회사의 자금으로 상당한 프레미엄을 덧붙어 투자중개자에게 주식매입을 제의하게 될 것이다. 이러한 자금의 지불을 그린메일이라고 일컫고 있다.

따라서, 경영자는 적극적인 투자자가 자사주를 구입하려는 시도를 좌절시키므로써 자신의 직위를 잃게 되는 위험을 감소시킬 수 있다. 적극적인 투자자(activist investor)는 저실적주식을 구입하고 현재 경영진을 퇴진시킨 다음 개혁을 추진하게 된다.

경영자가 적극적인 투자자의 자사주구매를 체계적으로 제한하기 위해 적극적 투자자의 수를 제한할 수 있는 조치는 다음과 같다. 첫째, 경영자는 자신이 상당한 주식을 구입할 수 있는 스톡옵션제를 자신의 보상계획에 포함할 수 있다. 둘째, 경영자는 상대적으로 적은 부를 가지고 있는 개인투자자가 자사주를 구입하도록 할 것이다. 다수의 기업은 개인투자자가 배당금으로 자사주에 투자할 수 있는 배당재

투자계획을 가지고 있다. 기업은 필요한 주식을 유통시장에서 구입하여 주주에게 할인하여 주고 수수료를 감면하여 줄 수 있다. 셋째, 경영자는 기업의 자금을 주식을 재구입하는 데 사용할 수 있다.

5. 주주와 채권자와의 이해갈등: 타인자본의 대리비용

기업의 주주와 채권자 역시 이해갈등의 문제를 지니고 있다. 이러한 갈등은 주인-대리인의 관계에서 발생되는 갈등이라고 말할 수 있으며, 주인으로서 채권자는 대리인인 기업이 이자와 더불어 원금을 상환하는 한 채권자의 이해를 위해 행동불어는 기대를 가지고 기업에게 자금을 대여하고 있다. 그러나, 기업을 통제하는 경영자는 주주의 이해를 위해 행동하도록 지시를 받게 된다. 따라서, 주주와 채권자간에 이해갈등 채별생할 경우 경영자는 주식의 시장가치를 극대화하여 주주의 이해갈등을 해결할 것이다. 채권자는 경영자가 주주의 부를 증가하도록 행동불다면 채권자의 가치가 감소한다는 사실을 깨닫게 될 것이다. 이러한 경영자의 행동은 주주에 의해 채권자의 부를 탈취할 수 있게 한다.

1) 타인자본에서 자기자본으로 富의 이전

앞서 설명한 바와 같이 타인자본을 이용하고 있는 기업의 경영자가 현재 채권자로부터 부를 탈취할 수 있는 두 가지 예를 들어 보자. 첫 예시는 타인자본을 증가하는 재자본화(recapitalization)이고, 둘째 예시는 기업자산위험의 증가이다.

① 재자본화

기업의 시장가치는 $V=100$이라고 하자. 이항분포가격결정평가모형(binomial pricing model)을 이용하여 보면 이 가치는 5년 후 호황일 확률 $p=0.7$으로 $V_5^u=200$, 불황일 확률 $(1-p)=0.3$으로 $V_5^d=50$로 기대치는 $E(V_5)=155$가 된다. 따라서, 현재의 기업가치 $V=100$을 갖게 하는 할인율은 $r=9.16\%$이 된다. 현재 기업은 5년뒤에 만기인 순수할인채 D를 50을 발행한 상태이다. 무위험이자율 5%를 가정해 보면 이 사채의 현재가치는 $39.18=50/(1+0.05)^5$가 된다. 따라서, 자기자본의 가치는 $E_l=V-D=100-39.18=60.82$가 된다.

기업이 추가적으로 5년만기에 40을 지급하는 순수할인채를 발행한다고 가정해 보자. 또한 신규사채는 기존사채와 동일한 우선권을 가지며, 사채를 발행한 후 전입금은 배당으로 일한 게 지급된다고 가정해 보자. 따라서 기업은 기존사채와 신규사채가 똑같이 5년 만기로 50(기존) + 40(신규) = 90(합)의 사채를 가지게 된다.

신규사채의 전입금은 배당금으로 지급되기에 자산크기는 종전과 변함없이 동일하게 $V=100$이다. 이항분포가격모형에 의해 모수의 값을 계산해 보면,

$$\delta=\frac{V_5^u-V_5^d}{E_{L5}^u(\text{신규})-E_{L5}^d(\text{신규})}=\frac{200-50}{110-0}=1.3636,$$

그리하여,

$$E_L(\text{신규}) = V\left[\frac{1}{\delta}\right] - \left[X(\text{합}) + V_5^u\left\{\frac{1}{\delta} - 1\right\}\right] / (1 + r_f)^T$$

$$= 100\left[\frac{1}{1.3636}\right] - \left[90 + 200\left\{\frac{1}{1.3636} - 1\right\}\right] / (1 + 0.05)^5$$

$$= 44.60.$$

따라서, $D(\text{합}) = V - E_L(\text{신규}) = 100 - 44.60 = 55.40$가 된다.

상기 언급한 바와 같이, 신규사채와 기존사채가 동일한 우선권을 가진다면, 기존부채의 가치는 신규부채가 발행한 후 총부채의 5/9에 해당되며 $D(\text{기존}) = (5/9)D(\text{합}) = (5/9)55.40 = 30.78$가 되며 신규사채의 가치는 총사채의의 4/9에 해당되는 $D(\text{신규}) = (4/9)\,D(\text{합}) = (4/9)55.40 = 24.62$가 된다. 재자본화의 결과 기존부채의 가치는 39.18에서 30.78 로 8.40가 감소한 셈이다. 반면, 주주의 부는 60.82 에서 주식가치 44.60에 전입금 24.62를 합한 69.22로 8.40가 증가하는 결과를 가져오게 된다. 즉, 기존채권자의 손실은 주주에게 혜택을 가져오게 되는 셈이다.

② 기업자산위험의 증가

경영자가 기존채권자로부터 부를 착취하는 또 다른 수단은 기업자산위험을 증가하는 것이다. 앞서 예를 이용하여 경영자가 기업위험을 증가하는 경영전략을 예시하여 보자. 새로운 경영전략에서 호황이 발생할 확률은 $p = 0.7\ V_5^u\,(\text{신규}) = 300$이지만, 불황이 발생할 확률은 $P = 0.7\,V_5^d\,(\text{신규}) = 33.33$이다. 5년 후 만기일에 기업의 기대치는 $E(V_5) = 0.7(300) + 0.3(33.33) = 220$로 기존경영전략에서 보다 높은 값을 보이고 있다. 그러나 위험은 높아져 시장할인율은 기존상황의 9.16 %보다 높아질 것이다.

새로운 할인율을 17.08%로 가정한다면 기업의 가치는 $V=100$ $[=220/(1.1708)^5]$가 된다. 새로운 경영전략에서 기업의 부채와 주식의 가치를 평가해 보면,

$$\delta = \frac{V_5^u(\text{신규}) - V_5^d(\text{신규})}{E_{L5}^u(\text{신규}) - E_{L5}^d(\text{신규})} = \frac{300-33.33}{250-0} = 1.066$$

따라서,

$$E_L(\text{신규}) = V\left[\frac{1}{\delta}\right] - \left[X + V_5^u(\text{신규})\left\{\frac{1}{\delta} - 1\right\}\right] / (1+r_f)^T$$

$$= 100\left[\frac{1}{1.066}\right] - \left[50 + 300\left\{\frac{1}{1.066} - 1\right\}\right] / (1.05)^5 = 69.26$$

그리하여, $D(\text{신규}) = V - E_L(\text{신규}) = 100 - 69.26 = 30.74$가 된다. 경영자가 새로운 경영전략을 선택하기에 부채의 가치는 39.18에서 30.74로 8.44만큼 감소하게 된다. 반면에, 주식의 가치는 60.82에서 69.26로 8.44 만큼 증가한다.

2) 과소투자문제

Myers(1977)는 기업이 위험스러운 부채나 투자기회를 가지고 있는 한 부채과다문제(debt overhang)를 발생하게 되며 투자안이 실행될 경우 반드시 주식으로 자본조달되어야 한다고 주장하였다. 이러한 경우 신규투자안의 순현가의 일부는 채권자에게 이전되며 상황에 따라서 주주에 돌아가는 이익은 투자비용보다 적을 수 있기에 주주이해를 위해 경영자는 투자안을 채택하지 않을 것이다.

상기 과소투자문제를 두 가지로 예시하여 보면, 첫 번째 예시는 내부유보금으로 투자안이 조달되는 경우이고, 두 번째 예시는 주주가 자기자본을 조달하는 경우이다. 이 경우 경영자는 투자안이 주주의 부에 미치는 효과를 평가하며 주주의 부를 극대화할 수 있는 투자안을 선택할 것이다.

사례 1 여유현금이 배당금지급이나 투자안에 자금조달하기 위해 사용되는 경우

이 경우 부채를 사용하는 기업은 이항분포가격결정모형의 적용을 위해 $V=100$, $X=99, T=5$, $V_5^u=150$, $V_5^d=66.67$, $p=0.8$, $r_f=5\%$ 그리고 $D=70.77$, $E_L=$ 29.23 라고 가정해 보자. 또한 기업의 자산은 모두 $Q=25$으로 모두 무위험자산에 투자되었으며 만기일은 $T=5$이기에 투자보상은 $31.91=25(1.05)^5$이다.

경영자는 1) 무위험자산에 투자금을 처분해 배당금으로 지급하거나, 2) 수익성이 있는 투자안에 투자하는 두 가지 대안을 가지게 된다.

대안 1 여유현금을 배당으로 지급하는 경우

만일 배당금이 25 지급된다면 주주의 부는 현금 25와 상승된 주식가치를 포함하게 된다. 주식의 상승가치는 V(신규)$=75$, V_5^u(신규)$=118.09$, V_5^d(신규)$=34.76$, 그리고 D(신규)$=64.06$, E_L(신규)$=10.94$가 된다. 따라서 주주의 부는 35.94 = 10.94 + 25로 6.71만큼 기존부 29.23를 초과한다. 주주의 이익은 채권자의 손실이 되는 셈이다.

대안 2 여유자금이 투자안의 자금조달에 사용되는 경우

경영자는 여유자금을 수익성이 있는 투자안에 이용할 수 있다. 투자안은 현재 무위험증권에 투자금 25 전액을 이용하고, 신규투자는 만기가 5년이고 상황에 관계없이 보상은 40이라면 투자안은 무위험증권에 투자하는 경우 수익이 31.91 보다 크게 가정된다. 따라서, 경영자가 여유자금을 투자안에 투자한다면 기업가치는 V(신규)$=106.34$로 증가하게 된다. 호황일 경우 기업가치는 $V_5^u=158.09$이고 불황일 경우 $V_5^d=74.76$이다. 결과적으로 기업의 부채와 주식의 가치는 D(신규)$=72.47$이 되고 E_L(신규)$=33.87$이 된다.

여유자금을 이용해 수익성이 있는 투자안을 실행하면 채권자와 주주를 동시에 이롭게 한다. 또한 기업의 부채와 주식의 부가가치 6.34(=1.70+4.64)는 투자안의 순현가가 된다.

경영자가 여유자금을 무위험증권이나 수익성 투자안에 대한 투자 선택권에 이용한다면, 경영자는 주주의 부를 보다 증가할 수 있는 실물투자안에 투자하는 셈이다. 그러나 경영자가 주주에게 배당금을 지급할 수 있는 추가적인 대안을 가지고 있다면, 이 대안이 주주에게 최대의 부를 제공하기에 배당금지급을 선택할 것이다. 따라서, 기업의 자본구조에 위험스러운 부채의 존재는 수익성이 있는 투자안도 회피케 하며 이에 따른 부의 손실은 6.34가 된다.

사례 2 주주는 투자안에 필요한 자본을 외부에서 조달해야 한다.

주주는 상기에 언급한 사례의 투자안을 실행하기 위해 투자금 25을 직접 조달하여야만 한다. 만일 투자안이 실행되지 않는다면, 기업가치의 주요변수는 $V=100, X=99, T=5, V_5^u=150, V_5^d=66.67,\ p=0.8,$ $r_f=0.05$ 그리고 $D=70.77,\ E_L=29.23$가 된다. 만일 경영자가 투자안을 채택한다면, 기업의 가치는 V(신규)$=131.34$가 되고 만기일에 보상은 V_5^u(신규) = 190, V_5^d(신규) = 106.67이 된다. $V_5^d > X$ 이므로 기업의 부채는 무위험이고 부채의 가치는 D(신규) = 99/(1.05)^5 = 77.57로 상승하게 된다. 따라서, 기업의 주식가치는 E_L(신규) = V(신규) − D(신규) = 131.34 − 77.57 = 53.77이 된다.

기업의 주식가치는 24.54(= 53.77 − 29.23)만큼 증가하지만, 주주의 투자금 25을 보상하기에는 충분하지 않다. 주주가 투자를 하지 않거나 외부자본으로 투자금을 조달할 수 있다면 경영자는 비록 순현가가 양(+)이라 할지라도 주주의 이해를 위해 투자안을 기각해야 한다. 투자안을 신주발행으로 조달한다면 기업부채의 가치는 투자안의 순현가를 초과하는 6.80(= 77.57 − 70.77)만큼 증가하고 주식의 가치는 0.46(= 24.54 − 25)로 감소하게 된다.

5장 파산비용과 주주 채권자의 이해갈등

대부분 파산가능성을 배제하거나 파산발생시 기업의 자산이 주주에서 채권자로 이전된다는 단순한 가정에서 자본구조결정을 설명해왔다. 본 장에서는 이런 단순한 가정을 넘어 파산비용이 실제 발생하는 현실에서 자본구조선택을 설명하고자 한다. 기업의 주가가 거의 제로까지 떨어진 파산가능회사의 종업원은 파산이 극도의 손실을 초래한다고 주장할 것이다. 그러나, 부채가 파산의 직접적인 원인이라면, 파산에 의한 대부분 손실은 부채에 의한 것이 아니라 기업의 운에 원인이 있다고 생각할 수 있다. 오직 파산에 의한 지접적인, 간접적인 손실발생과 운영비용증가는 기업의 자본구조결정과 관련성이 있다. 그러므로, 파산 또는 파산의 위협이 주주와 채권자들에게 이용될 수 있는 현금흐름에 영향을 주지 않는 한 파산의 가능성은 기업의 자본구조결정과 관련성이 없다.

파산이 현금흐름을 감소시키는 연관성에 대해서는 기존연구에서 광범위하게 논의되어 왔다. 파산 또는 파산의 위협과 관련된 현금흐름의 감소로 발생하는 비용은 대체로 직접파산비용과 간접파산비용으로 분류되고 있다. 직접파산비용은 파산기업의 재조직과 법적절차에 관련되는 비용을 말한다. 간접파산비용은 재조직과 관련이 없으며 재무곤경기업이나, 파산에 근접하지만 실제 파산되지 않은 기업에서 발생하는 비용을 말한다.

간접파산비용은 대부분 재무곤경기업에서 채권자, 소비자, 종업원 그리고 공급업자 등의 비재무적 이해관계자들에게 손실을 제공하기 때문에 발생하는 비용이라고 할 수 있다. 이러한 손실로 인해 재무곤경기업은 신용을 얻기 어렵고 일상적인 업무를 효율적으로 수행하기 위해서 다른 방법을 찾을 수밖에 없을 것이다.

본 장은 기업의 주주와 채권자 사이에서 일어날 수 있는 이해갈등에 촛점을 맞추고 있다. 기업합병이 주주들로 하여금 이익을 기대하게 하지만 실제로 주주들에게 혜택을 제공하였음에도 불구하고, 기업의 발행채권가치를 하락시켜 채권자에게 큰 이익을 가져오지 못하는 경우가 발생한다. 이와 같이 상반되는 결과가 존재할 경우 주주에게 현금흐름을 할인하여 계산되는 투자안의 순현가는 조정현가(Adjusted Present Value) 또는 가중평균자본비용(Weighted Average Cost of Capital)에 의한 순현가와는 상당히 다를 수 있다. 예를 들어, 상대적으로 안전한 투자안의 주주와 채권자에 대한 총현금흐름의 현가가 양(+)이지만 주주에 대한 현금흐름의 순현가는 음(-)인 경우를 볼 수 있다. 다시 말하자면, 채권자의 이해는 고려하지 않고 오직 주주의 이해를 위해서만 운영되는 기업은 수익성이 있는 투자안을 포기할 수 있다. 더구나, 이런 기업은 주주들에게 혜택을 제공하지만 부채가치를 감소시키는 위험한 투자안를 채택할 수 있다.

본 장에서는 주주가 채권자의 이해를 고려하지 않는다면 손해를 볼 수 있다는 사실을 강조한다. 채권자의 이해를 고려하지 않는다면 기업은 좋은 조건에서 타인자본을 조달할 수 없을 것이고 최악의 경우에는 타인자본을 전혀 조달할 수 없을 수도 있다. 이러한 문제에 대한 해결방안으로는 잠재적 갈등을 최소화할 수 있는 부채를 설계하는 것이다. 즉, 사채발행조건에 전환권이나 제약조건을 부여하여 기업의 투자와 자본조달을 제한하는 방안이다. 그러나 이 방안 역시 완전하지 않기에 부채가 감세효과가 있더라도 자본구조에서 부채의 규모를 제한할 것이다.

1. 파산

1) 직접파산비용

파산절차가 상대적으로 비용이 들지 않는다면, 파산가능성은 기업의 자본구조결정에 영향을 미치지 않는다. 모디글리아니-밀러(1958)의 이론에서는 파산이 존재하지 않는다고 하지 않았고 다만 파산은 비용이 들지 않는다고 전제하였다. 그러나 경영자가 채권자와 협상하는데 협상하는 시간비용과 채권자가 파산기업의 경영자가 협상하는 추가적 시간비용을 포함하는 파산에 관련된 수많은 직접비용이 있다. 법적비용, 법정비용, 소송비용 또한 직접파산비용이다. 예를 들어, 미국 유명백화 비용Macy's가 1992년 파산했을 때, 1억 달러를 변호사 회계사 투자금융가 법률상담역에 협상하였는데 이 금액은 당시 기업 추정가치의 약 2-3%에 해당되는 막대한 금액이었다. 또한 Macy's가 1994년 중92파산에서 벗어나는 데 걸린 2년반의 기간은 파산에 이르는 평균기간을 상회하고 있다.

■ **직접파산비용의 추정액:** Macy's의 전체기업가치에 2-3%에 해당되는 직접파산비용은 미국 대기업의 전형적 사례이다. 대부분 직접파산비용은 기업규모에 관계없이 거의 비슷하다. 소규모기업의 경우 파산비용이 기업가치의 20-25%정도로 대규모기업에 비해 상대적으로 더 큰 편이다. 그러나 이렇게 높은 비율은 파산이 아주 확실한 경우를 제외하고는 실제 직접파산비용이 차입비용에 거의 포함되지 않는다. 왜냐하면 파산비용은 이미 감소된 기업가치에 대한 비율이고, 실제 파산확률을 고려하여 부채비용에 미치는 영향을 할인하여야 되기 때문이다.

■ **파산비용의 부담자:** 파산과정에서 기업가치의 대부분은 우선권순위에 의해 채권자에게로 이전된다. 직접파산비용이 기업가치를 감소시키므로, 대부분 직접파산비용은 결국 기업의 채권자에 의해 부담하게 된다. 주주의 이해를 대변하는 경영자가 왜 채권자가 부담하게 될 비용에 관심을 가져야 되는가? 주주는 기업의 대출자에 부과되는 비용에 대해 직접적으로 관계하지 않지만, 기업이 차입하는 이자율에 대해서는 관심을 가지게 된다. 대출자는 파산시에는 비용을 부담하게 될 것을 알기에 기업에 부담시키는 이자율에 채무불이행프리미엄을 추가로 요구할 것이다. 채무불이행프리미엄은 채권자에 실제 약속한 사채수익률과 파산이 없을 경우 사채수익률의 차이로서 기업의 파산확률과 비용을 반영한 것이다. 결과적으로 주주가 위험한 부채를 발행할 때마다 예상파산비용을 지불하게 된다. 그러므로, 주주는 파산비용에 의해 야기되는 채무불이행프리미엄의 일부비용을 부채조달로 얻는 이익을 상쇄하는 비용으로 고려할 것이다.

예 5-1 파산이 차입비용에 미치는 영향

Westlake Co.사는 1년 동안 1백만 달러를 차입하였다. 대출금을 완벽히 지불할 확률이 90%이고, 연말에 파산할 확률이 10%이다. 기업이 파산되는 과정에서, 자산은 60만 달러에 팔릴 수 있다. 그러나, Westlake의 자산압류의 법적 비용은 10만 달러의 비용이 들 것이다. Westlake이 평균 10%로 차입금을 빌릴 수 있다면 은행은 차입금에 대해 얼마를 청구할 수 있는가? 잠재파산비용은 차입금이자율에 미치는가?

답

10%기대수익을 실현시키기 위해서는 은행은 연말에 평균 1.1백만 달러를 회수할 것이다. Westlake가 파산한다면 은행은 50만 달러만을 회수할 것이다. 그러므로, 110만 달러를 회수하기 위해서, 기업이 파산하지 않는다면, 116.7만달러를 받아야 한다. 다시 말하면, 은행은 대출금에 16.7%를 청구해야만 한다.

파산비용이 없을 경우에는 은행은 파산과정에서 50만 달러대신 60만 달러를 회복할 수 있고 대부금에 15.6%만을 청구할 필요가 있다. 기본원칙은 대출자가 미래상황을 예상하고 기대비용에 대한 보상을 요구한다는 것이다.

2. 채권자와 주주의 이해갈등: 간접파산비용

직접파산비용이 부채조달에 관련된 유일한 비용이라면, IBM 같은 대기업인 경우 상대적으로 낮은 부채비율을 정당화하기 어려웠을 것이고 부채비율을 증가하여 자본비용을 낮추려 했을 것이다. 직접파산비용의 기대현재가치는 차입비용에 포함된다. 그러므로, 이러한 직접비용은 차입비율과 무위험이자율 차이의 현재가치를 초과할 수 없다. IBM의 차입이자율과 무위험국채의 이자율차이는 약 0.5%-1% 해당될 정도로 적다. 이러한 사실은 직접파산비용이 IBM의 자본구조결정에 영향을 적게 미친다는 사실을 의미한다. 더구나 차입비율에서 차이의 대부분은 우수한 세금처리와 국채의 유동성에서 기인하고 있다.

많은 기업들이 타인자본보다 비용이 많이 드는 자기자본을 왜 계속 이용하는가를 설명하기 위해서는 간접파산비용을 고려해야만 한다. 간접파산비용은 종종 파산의 위협때문에 발생하고, 기업이 채무를 불이행시에도 발생할 수 있기에 재무곤경비용(financial distress cost)이라고 일컬어진다. 파산의 위협은 기업의 대출자와의 관계에 영향을 미치며 효율적 자금운영에도 영향을 미친다.

1) 주주유인

주주의 소유가치를 극대화하기 위한 주주유인이 기업전체의 부채, 자산가치를 극대화시킬 유인과 일치할 필요는 없다. 실제로 부채를 이용하는 기업의 주주는 부채의 가치를 감소시키는 투자전략에 대한 유인을 가진다. 기업의 총가치는 부채가치와 주식가치의 합계이다. 그러므로, 기업의 총가치를 하락시키지 않으면서 부채가치를 하락시키는 전략은 주가를 상승시킨다. 따라서 주주는 주식의 가치를 증가할 수 있는 전략이 허용된다면 실행할 유인을 가지게 된다. 마찬가지로, 주주는 채권자로부터 주주에게로 상당한 가치를 이전할 수 있다면 기업의 자산의 가치를 감소시키는 전략도 실행할 수 있다.

■ **유인문제의 비용부담자**: 주주가 채권자를 희생하여 이득을 얻을 수 있는 특정한 전략을 고려하기 전에, 현명한 대출자는 주주의 유인을 예상하고 이에 따른 대출금에 대한 채권이자율을 고려할 것이다. 대출자의 청구가치를 감소시킬 주주의 미래행동을 예상한 대출자는 더 높은 이자율을 청구할 것이다. 그러므로 주주는 현재 차입이자율보다 더 높은 유인의 기대비용을 부담하게 된다. 기업은 주주가 채권자의 이해를 감소시키는 행동을 하지 않는 대신에 기업의 총가치를 극대화시키는 행동을 할 것이라고 대출자를 확신시키려 할 것이다. 그러나, 기업은 실제 주식가치보다 기업의 총가치를 극대화시킬 전략을 확실하게 실행하기가 어려울 수 있다.

■ **주주가 채권자로부터 부를 이전시키는 방법**: 주주는 여러 방법으로 채권자로부터 부를 이전시킬 수 있다. 예를 들어, 주주는 경영자에게 모든 자산을 매각하여 배당금을 지급하도록 지시할 수 있고, 채권자들에게 별 가치없는 채권문서를 남기게 할 수 있다. 반대로, 채권자는 주주부의 이전가능성을 인지하고 탈취행위가 발생하지 않게 하는 차입자와 대출자 사이의 계약를 요구하게 된다. 그러나 채권계약조항(debt covenant)이 주주와 채권자사이에서 일어날 수 있는 모든 잠재적 갈등을 해결할 수 없다.

주주와 채권자사이의 이해갈등으로 인해 발생할 수 있는 투자전략에서의 다양한 왜곡은 다음과 같이 나타날 수 있다.

· 부채과잉문제(debt overhang problem): 주주는 수익성있는 투자안을 포기하므로서 과소투자할 수 있다. 즉, 현재 부채가 투자안 혜택의 대부분을 차지하기 때문에 수익성있는 투자안을 포기하

는 과소투자의 문제를 일으킨다.

· 자산대체문제(asset substitution problem): 주주는 음(-)의 순현가를 가지는 투자안이라 할지라도 과도하게 위험한 투자안을 실행하는 경향이 있다.

· 근시안적 투자문제(shortsighted investment problem): 단기간에 일찍 보상되는 상대적으로 수익성이 적은 투자안을 선택하지 장기간에 늦게 보상하는 수익성이 큰 투자안을 포기하는 경향이 있다.

· 청산지연문제(reluctance to liquidate problem): 주주는 청산가치가 운영가치를 초과할 경우에도 기업이 계속 존속할 것을 원할 수 있다.

2) 부채과잉문제

■ **주주현금흐름할인과 총현금흐름할인:** 투자안의 가중평균자본비용으로 투자안의 총현금흐름을 할인하므로써 계산된 순현가는 주주에게 배분되는 현금흐름의 순현가와는 서로 다르다. 예로서, 투자안의 현금흐름의 순현가는 양(+)인데 주주에게 배분되는 현금흐름은 항상 음(-)인 경우를 볼 수 있다. 주주에게 귀속되는 투자안의 순현재가치와 기업에 귀속되는 순현재가치를 구별하는 것은 중요하다는 예시이다. 또한 투자안은 주주보다 채권자에게 가치를 창출하기도 한다. 안전한 투자안을 추가하면 기업은 덜 위험해지며, 파산위험이 높아질 경우에는 채권자는 더욱 자산을 배분하려 할 것이다. 따라서, 채권자는 투자안을 채택하고자 하지만, 주주는 기업이 투자안을 포기하길 원한다.

■ **부채과잉로 인한 과소투자:** 부채과잉은 과도한 이자비용이나 이자지

불불능을 초래하기 때문에 수익성이 있는 투자안이라도 포기하게 한다. 예를 들어보면, 범아제약회사는 얼굴주름방지용 신규약품을 연구개발하는데, 최근 1억 달러를 소비했다. 이 약품의 시장성이 양호하다면, 기업은 FDA의 승인을 받고 시장출시하는 약품을 더 개발하기 위해 추가로 1억 달러를 투자할 수 있다. 미래시장상황이 긍정적이라면, 1년후 범아는 5억 달러로 신약에 대한 판매권을 판매할 수 있다. 그러나 시장성이 양호하지 않다면, 1년 개발에 추가 1억 달러의 비용을 투자한 뒤 1억 5천만 달러의 판매권을 가지게 된다. 이 연구에 자금조달하기 위해서, 범아는 모든 추가부채를 파산의 과정, 하위우선권을 가지는 채권으로 발행하였다. 투자자들은 위험중립적이고, 사채에 대한 기대수익률은 제로라고 가정한다. 시장성이 양호하지 않을 경우에 기업은 채무를 불이행한다. 그러므로 1억 달러를 조달하기 위해, 범아는 투자자에게 보상되지 않는 상황을 고려하여 1.1억 달러를 지불할 것을 약속한다. 불량한 상황, , 투자안을 지속하는 데는 비용이 1억 달러이고 수익이 1.5억 달러이기 때문에 여전히 양의 순현가를 가지는 투자안이다. 기초투자액 1억 달러는 이미 소비한 금액이기에 투자안의 순현가계산에 영향을 미치지 않는 매몰원가이다. 그러나, 우선채가 1.1억 달러가 있는 상황에서, 하위청구권을 가진 신규투자자들은 투자안에 4천만 달러(1.5억 달러와 1.1억 달러 우선청구권의 차이)이상을 지불하려 않을 것이다. 결과적으로, 기업은 투자안이 성공하지 못할 경우, 첫 해 소요자금을 조달할 수 없을 것이고 최초대출금은 채무불이행될 것이다.

■ **과소투자와 무임승차문제:** 범아의 최초대출자는 투자안의 자금조달에 필요한 첫 해 자금이 조달가능하였다면 보다 큰 차익을 올릴 수 있었을 것이다. 그러나 원금 1억 달러 투자금을 잃어 버릴 수 있었기에,

신규대출금에 대한 보상이 4천만 달러일지라도, 추가 1억 달러 투자를 실행하였다. 그러나 최초부채가 다양한 대출자의 집단에 의해 이루어졌다면, 신규부채가 시장수익률 이하로 이루어지기 때문에 추가적 투자를 종용하기가 어려웠을 것이다. 이러한 무임승차문제(free rider problem)에서, 최초대출의 총이익이 기업에 추가자금을 제공하지만, 개인 모두의 이익에 부합되는 것은 아니다. 모든 개별대출자는 기업을 구제하기 위해 다른 대출자의 의사결정에 무임승차하려 한다.

■ **상위부채구조가 부채과잉문제에 미치는 영향:** 범아의 부채과잉문제는 기존부채보다 우선권이 있는 신규부채를 기업이 발행하지 못하도록 하는 보호계약을 가지고 있기 때문에 발생한다. 비보호부채(unprotected debt)로 연구개발금을 조달하였다면, 기업은 기존부채에 우선하는 신규부채로 추가적 투자자금을 조달하였을 것이다. 현재 부채가 보호받지 못하면, 신규부채는 투자안의 가치가 신규부채채무를 초과하는 한 투자안의 자금을 조달하기 위해서 발행될 수 있다. 범아의 최초부채가 우선부채가 아니라면, 1억 달러의 새로운 무위험 우선순위채무가 반환될 때, 최초 채권자를 위해 5천만 달러를 남겨두고 1억 달러의 투자안에 자금조달을 위해서 발행될 수 있다. 비보호부채가 과소투자문제를 해결하지만, 이 대안은 추가적 문제를 야기시킨다. 특히, 비보호부채는 실제로 필요하지 않을 경우에도 기업이 추가적인 우선부채를 조달하려는 유인을 가지게 한다. 더구나, 비보호부채는 기업이 과다하게 위험한 투자안을 선택하려는 유인을 증가시킨다.

■ **부채과잉문제가 배당정책에 미치는 영향:** 범아의 예는 기업이 외부자원으로부터 자금조달을 할 필요가 있다고 가정한다. 그러나 대부분 기업들은 내부에서 투자자금을 생성해 왔고, 주주에게 배당금이나 환매로 자금을 배분할 지 또는 추가투자를 자금으로 사용할 지를 결정하여

야 한다.

■ **근시안적 투자문제:** 1980년대 이후 미국업계에서는 근시안(short-sightedness)적 투자가 주요문제가 되었다. 근시안적 시야는 일부기업에서 부채증가가 문제를 악화시켰다. 다시 말하면, 부채비율이 높은 기업은 단기간에 보다 빨리 보상하는 투자안을 선호한다. 부채는 기업이 단기적으로는 작은 현금흐름이지만 장기적으로 큰 순현가를 가지는 투자안보다 단기적으로 크지만 장기적으로는 작은 순현가를 가지는 투자안을 선호하게 한다. 근시안적 투자문제는 부채과잉문제에 기초하고 있다. 부채채무가 큰 기업은 만기가 다가오는 기존부채만기를 연장하기 위해 이용되는 추가적 신규부채에 높은 이자율을 지불하게 한다. 따라서, 기업은 높은 이자율을 가능한 빨리 최소화하려는 유인을 가지게 된다.

3) 자산대체문제

부채는 기업이 위험이 적은 투자안에서 위험이 많은 투자안으로 대체하게 하여 불필요한 위험을 겪도록 하는 유인을 제공하는 데 이를 자산대체문제(asset substitution)라고 일컫는다.

옵션가격결정이론은 자산대체문제에 대해서 생각할 수 있는 방법을 제시한다. 주주에 대한 보상은 기업자산에 대한 콜옵션의 보상과 유사하다. 주주는 무한대의 상승가능성을 실현할 수 있지만, 불확실한 과정에서는 제한된 채무때문에 전체투자액를 모두 상실하는 위험을 피할 수 있을 것이다. 따라서, 주주에 대한 보상은 기업의 현금흐름에서의 채무를 차감한 것이거나 제로가 될 것이다.

옵션가격결정모형에서 기초주식의 변동성이 증가하면 옵션의 가치는 증가한다는 의미는 경영자가 위험이 큰 투자를 선택한다면 자산이 보다 큰 가치를 가질 수 있다는 의미이다. 반면에, 부채는 투자규모가 클수록 그 가치가 더욱 떨어진다. 따라서, 기업위험의 증가는 채권자에서 주주로 부를 이전시키는 효과가 있다.

4) 과대위험유인: 사례

메모리칩의 공장건설을 위해 차입을 결정한 신생기업 Unix의 사례를 고려해 보자. Unix의 경영자는 생산공정을 대한 2개 설계안을 가지고 있다. 2개의 공정이 재무관리자에게는 거의 동일하게 보이고 투자액도 7천만 달러로 동일하지만, Unix의 경영자는 공정 2가 공정 1보다 훨씬 더 위험하다고 생각하고 있다.

채권자는 두 대안을 살펴 보고 투자안에 대한 보상을 예측할 수 있으나, 대출 후에 기업이 어떤 공정을 결정할 지 현재로서는 알 수 없다. 투자자는 모든 위험중립적이고 기대수익극대화한다고 가정하고, 무위험이자율은 제로라고 가정하자. 투자안의 현재가치는 기대보상이다. 투자안은 경제상황에 따라 다른 보상을 가진다. 확률이 동일한 보상액은 〈표 5-1〉에 나타나 있다. 모든 순자기자본기업의 관점에서는 공정 1이 보다 좋은 대안이다. 공정 2의 순현가가 제로인 반면 공정 1의 순현가는 5백만 달러이다. 기업이 투자비 7천만 달러 중 4천만 달러를 부채로 조달하고, 내부에서 나머지 3천만 달러를 조달한다고 가정하자. 이 내부자금은 주주의 투자액으로 볼 수 있다. 〈표 5-2〉는 4천만 달러의 채무재지급후 주주에게 보상을 요약한 것이다. 〈표 5-2〉의 보상은 〈표 5-1〉의 보상에서 4천만 달러의 채무를 차감한 것과 같다.

불황에서 공정 2의 주주에게 보상은 150만 달러의 손실 대신 제로로 주어져 있다. 왜냐하면 주주의 유한책임으로 투자원금이상의 손실은 없기 때문이다. 공정 2에서의 주주의 기대수익 3,750만 달러는 공정 1에서의 3,500만 달러의 초과보상하고 있다.

〈표 5-1〉 Unix 현금흐름

(단위: 백만달러)

	현금흐름		
	불황 ($\pi = .5$)	호황 ($1 - \pi = .5$)	기대치
공정 1	50	100	75
공정 2	25	115	70

〈표 5-2〉 Unix 현금흐름: 부채 4천만 달러일 경우

(단위: 백만달러)

	현금흐름		
	불황 ($\pi = .5$)	호황 ($1 - \pi = .5$)	기대치
공정 1	10	60	35.0
공정 2	0	75	37.5

5) 채권자의 주주유인에 대한 반응

채권자가 공정 1이 선택된다고 믿는다면 위에 가정한 부채자금을 조달할 것이다. 그러나, 현명한 채권자는 Unix가 더 위험한 투자안 공정 2를 채택할 수 있고 대출이 불가능하다고 깨달아야 한다. 특히, 채권자는 Unix가 4천만 달러의 채무가 있을 때 고위험투자안을 선택할 것으로 기대한다면, 대출금은 채무불이행위험이 있으므로, 불황시 약속된 채무 4천만 달러 중 2천5백만 달러만을 받을 것이다. 채권자

의 대출은 오직 3,250만 달러 (0.5×2,500만달러 + 0.5×4,000만달러)의 기대치를 가진다. 즉, 채권자는 미래 4천만달러에 대한 불확실한 약속을 믿고, 오늘 4천만 달러를 제공하지 않을 것이다. 채권자는 미래 약속된 4천만 달러를 위해 지금 단지 3,250만 달러를 제공한다면, 주주는 공정 1이 선택될 때 평균 3천5백만 달러만을 받을 것이다. 따라서 이 경우에는 손실이 예측될 것이다. 〈표 5-2〉에서 공정 2는 정확히 비용과 일치하는 평균 3,750만 달러를 주주에게 제공한다. 그리하여 Unix는 고위험, 저순현가투자안부터 수익을 얻지 못하고, 양의 순현가투자안로 부터 수익을 실현하지 못한다. 주주가 공정 1을 선택한다면, 채권자는 부채가 확실하게 함께 상환되어기 때문에 4천만 달러의 채무를 위해 4천만 달러를 지불할 것을 주저하지 않을 것이다(공정 1로부터 최저현금흐름 5천만달러). 주주는 5백만 달러(=3천5백만 달러−3천만 달러)의 잉여금을 창출하기 위해, 필요한 나머지 3천만 달러만을 투자할 필요가 있다. 그러나, 채권자는 기업의 투자를 감독하기 어렵다면, Unix가 공정 1을 확실하게 실행할 수 있는 대출계약조항을 포함하는 것이 쉽다고 깨닫게 된다.

채권자는 Unix의 주주가 공정 1을 선택하도록 자신을 확신시키려 한다는 것을 알고 있다. 그러나 공정 1이 검증될 수 없다면 주주는 채권자와 기업이 대출계약을 종료한 후 공정 2를 채택할 유인을 가지게 된다. 대출계약은 공정 1이 아닌 공정 2에 관련된 위험을 반영할 것이고, 주주는 궁극적으로 왜곡된 유인과 관련된 비용을 부담하게 된다.

6) 청산지연문제

특정한 사업의 지속여부에 관한 결정은 기업이 당면하는 가장 어려운 의사결정 중 하나이다. 기업은 사업을 지속운영할 지 또는 청산가치로서 소유권과 설비를 매각할 지를 결정하여야 한다. 투자결정과 같이 청산결정은 부채비율에 영향을 받는다. 더구나, 청산결정은 파산상태에 의해 영향을 받을 수 있다.

■ **청산비용과 파산비용:** 청산비용은 기업의 계속운영가치인 자산이 산출하는 미래현금흐름의 현재가치와 청산가치인 자산을 청산 매각한 후 가치와의 차이를 말한다. 파산과 청산은 대개 동시에 발생하기 때문에, 청산비용은 때때로 직접파산비용으로 고려된다. 이 비용은 자본구조의 중요한 결정요인이 된다. 그러나 파산이 항상 청산을 포함할 필요는 없다. 실제로, 기업은 재조직되어 계속 운영된다. 일반적으로 계속운영가치가 청산가치를 초과한다면 파산기업을 재조직하고 계속운영할 경우 주주와 채권자 모두에게 이익이 된다. 결과적으로, 파산으로 청산하는 기업은 청산으로부터의 순이익이 계속운영될 때 기업이 산출하는 미래현금흐름의 현재가치를 초과하기 때문에 청산하는 경향이 있다.

파산은 청산이 최적이라고 판단되어 이루어지기에, 청산비용이 기업의 최적자본구조를 결정하는데 있어 적절한 파산비용으로 고려될 수는 없다.

■ **자본구조와 청산정책:** 파산은 기업이 계속 운영하는 것이 더 가치가 있을 때 청산하도록 유도할 필요가 없겠지만, 자본구조는 여전히 청산정책에 영향을 미친다. 주주의 대리인으로서 경영자는 기업의 청산가치가 계속운영가치를 초과할 때 조차 기업을 계속 경영하려는 유인을 가진다. 기업의 후순위청구자로서 주주는 다른 모든 이해관계자를 만족한 후에 비로소 청산으로부터 수익을 얻게 된다. 그러므로, 부채의

액면가치가 청산가치를 초과할 경우 주주는 청산에서 아무 것도 받지 못한다. 더구나 계속 운영할 경우 보상과 비교해 보면, 청산은 상대적으로 안정적 보상을 제공하는 셈이다. 따라서, 청산은 계속 운영하므로써 발생되는 보다 위험한 대안보다 주주에게는 덜 매력적이다.

기업이 청산한다면 경영자는 직장을 잃을 것이므로, 기업의 청산가치가 운영가치를 초과할 때에도 경영자는 기업경영을 계속하려는 데 보다 관심을 가지고 있다. 따라서, 경영자는 기업을 경영관리할 수 있는 한 계속 운영하려는 데 보다 강력한 유인을 가지게 마련이다. 파산과정에서 경영자와 주주는 청산이 계속운영보다 더 큰 가치를 갖기에 청산에 더 관심을 보이는 채권자를 통제할 능력을 갖지 못한다. 결론적으로, 기업의 청산여부는 누가 의사결정의 권한을 가지고 있느냐에 달려 있다.

■ **부채가 복수등급일 경우 파산과 청산결정:** 기업이 부채를 복수등급으로 (상위부채와하위부채) 발행할 경우, 청산과 파산에 관한 결정요인은 더욱 복잡해진다. 기업이 다음 조건에서 파산이 발생한다고 가정해 보자.

· 채무지급을 위한 현금흐름이 불충분하다
· 채무지급을 위해 필요한 부채를 차입하지 못한다.

대체로, 상기 파산조건이 의미하는 대로 기업이 현재 채무를 반제할 수 있는 현금흐름을 창출하지 못하거나 미래에도 개선될 가능성이 없다면 기업은 파산하게 된다고 생각할 수 있다. 그러나, 반드시 그렇치는 않다고 보며, 기업이 청산가치가 계속운영가치를 상당히 초과할 때 조차 계속 운영될 수 있다. 기업이 파산상황에서 어떻게 사업을 지속할 있는 지를 이해하기 위해, 파산위기과정에서 주주와 채권자의 유인이 서로 다르다는 점을 고려해 보자. 주주는 파산을 지연시키려는 그리고 청산은 더욱 더 지연시키려는 유인을 가지고 있다. 주주청구권의 가치에는 옵션의 특성이 있기에 만기가 길수록 증가한다. 따라서, 주주이해를 위해 행동하는 경영자는 채무불이행을 피하고자 할 것이다. 채무불이행은 모든 현재채무가 즉시 만료되도록 하기 때문에 실제 주주청구권의 옵션가치를 제거한다. 마찬가지로, 하위채권자 역시 자신들의 청구권이 옵션의 특성을 가지므로 기업이 파산되길 바라지 않는다. 대부분 경우 하위채권자는 재무곤경기업이 파산하지 않도록 추가적으로 자금을 제공하는 데 관심을 가질 수 있다. 대출자는 추가채권으로 기존부채의 가치를 증가시킬 수 있다면 신규대출을 제공할 수도 있다.

3. 주주와 채권자의 유인문제

일반적으로 파산은 경영자가 주주와 채권자간 이해갈등문제를 해결하기 위해 선호하는 방법이 아니다. 주주는 결국 파산비용을 감당하여야 되기 때문에, 유인문제를 통제할 동기를 가지고 있다. 주주와 채권자의 유인문제의 가장 간단한 해결책은 채권자를 제외시키는 일이다. 물론, 기업이 자기자본으로만 자본조달을 한다면 유인문제는 해결되는 셈이다. 그러나 기업의 자본구조에서 부채를 포함하므로써 상쇄될 수 있는 이점이 있다.

기업소유자가 부채조달과 관련된 유인비용을 최소화할 수 있는 여섯 가지 방안은 다음과 같다.

· 보호계약조항
· 은행부채와 사채
· 장기부채 대신 단기부채의 이용
· 담보설정
· 프로젝트 파이낸싱
· 경영보상계약

1) 보호계약조항

앞서 기업이 배당금이나 환매로서 주주에게 배분할 수 있는 규모를 상술하는 계약조항뿐만 아니라 부채의 우선권을 상술하는 보호계약조항에 대해 논의했다. 또한, 계약조항은 기업이 부채비율, 이자보상, 그리고 운전자본과 같은 다양한 회계비율의 기준을 충족하도록 요구하고 자산판매도 제한한다. 계약조항을 위반한 기업은 기술적 채무불이행상태에 놓이게 되며, 채권자는 기업이 이자지급을 하더라도 원금상환을 요구할 수 있다.

■ **투자가능사채와 투자불가능사채에 대한 계약조항:** 기업이 상대적으로 낮은 레버리지를 가지고 있다면, 주주와 채권자의 갈등은 심각하지 않을 수도 있다. 투자가능채권등급은 대체로 상대적으로 약한 계약조항을 가지고 있다.

반면에 투기나 저투자등급부실채권을 발행하는 기업에서 주주와 채권자의 잠재적 갈등의 가능성은 높다. 투자부적격등급의 채권은 기업의 영업전략에 있어 상당히 제한적인 계약조항을 가지고 있다.

계약조항은 다음과 같은 많은 문제점을 포괄하고 있다.

· 추가적인 부채의 발행

· 기업통제의 변화

· 배당금과 주식환매의 제약

· 자산의 판매

· 소유권의 유지

· 보험에 대한 규정

■ **계약조항의 한계:** 특정한 유인문제는 특히 계약규정에서 제외되기가 어렵다. 예를 들어, 부채과잉문제는 수익성이 있는 투자안을 포기하게 한다. 계약이 특정한 투자안을 제외하도록 작성되기도 하지만, 기업이 보통주의 가치를 하락시키는 수익성이 있는 투자안을 기각하는 부채계약조항을 포함하는 것이 가능하다고 믿지 않는다. 또다른 잠재적갈등은 신규주식의 투입이 청산을 바라는 채권자를 희생시켜 계속 운영을 바라는 기존주주를 도울 수 있는가에 관한 문제이다. 이 경우, 주주에게 혜택은 채권자의 손실보다 적을 것이다. 현실적으로, 수익성이 있는 투자안을 위한 주식투입은 주주와 채권자에게 혜택을 함께 제공하기에 기업은 주식투입의 가능성을 배제하지 않는다.

2) 은행부채와 개인사채

부채자금조달이 부채과잉이나 자산대체문제를 야기할 수 있다는 사실을 이미 언급한 바 있다. 기존부채에 우선하는 부채를 발행하는 기업의 능력에 영향을 미치는 채권계약조항으로 인해 기업이 이러한 문제에 당면할 가능성이 있다. 기존부채에 우선하는 부채를 발행할 수 있는 능력은 부채과잉문제는 해결하지만 자산대체문제는 악화시킨다.

은행부채의 이용은 부채과잉문제에 관련된 무임승차문제를 해결하는데 유익할 수 있다. 집단으로서 채권자는 신규자본을 기업에 투입하므로써 혜택을 얻지만, 개별채권자는 스스로 자본을 제공할 흥미를 갖지 않는다. 문제는 신규부채자체가 좋은 투자는 아니지만 자본투입은 기존부채의 가치를 증가시킨다. 기업이 신규대출이 기존대출의 가치에 어떻게 영향을 미치는가를 고려할 수 있는 은행과 같은 대출자만을 가지고 있다면 무임승차문제의 해결할 수 있는 가능성이 있다.

은행부채 그리고 보험회사와 연금기금에서 사적으로 발행한 사채는 위험유인이 매우 높은 경우 시장에서 거래되는 일반사채에 비해 이점을 가진다. 은행과 다른 사채제공자는 기업의 투자결정을 더 감독할 수 있고, 보호계약조항을 강요할 수 있다. 나아가, 은행이 보다 엄격한 계약조항들을 다른 채권자집단보다 기업과 재교섭 또는 강요하는데 훨씬 더 용이할 것이다.

3) 단기부채와 장기부채

위에서 논의한 주주와 채권자의 대부분 갈등은 기업이 단기자금조달대신 장기부채를 이용할 경우 더욱 심각하다. 주주가 부채의 가치를 감소시켜 자신에게 유리한 투자전략을 실행할 유인을 가지고 있기 때문에 갈등이 발생한다는 사실을 상기해 보자. 단기부채가치가 장기부채가치보다 기업의 투자전략의 변화에 훨씬 더 민감하기 때문에 단기부채로 자금조달된 기업에서 갈등이 적은 편이다.

■ **부채과잉문제의 완화:** Myers(1977)는 기업이 신규투자안의 자금조달을 위해 추가적로 부채를 차입하기 전에 현재부채가 만료된다면 부채

과잉문제가 해소될 수 있다고 주장하였다. 무위험이자율이 10%일 때, 12%의 수익을 올리는 무위험투자안의 예를 다시 고려해보자. 기업은 차입비용이 투자안수익보다 크기 때문에 투자안을 포기했다. 만약 부채가 단기였다면 부채과잉문제는 없었을 것이다. 모든 부채에 대한 이자지급은 신규투자안의 선택과 함께 동시에 재협상되어질 수 있을 것이다. 나아가, 기업의 전체위험을 감소할 수 있는 무위험투자안의 추가는 차입비용을 감소시키므로 투자안을 채택하게 할 것이다.

■ **자산대체문제의 완화:** 단기부채의 이용은 주주가 위험한 투자안을 선택하므로써 채권자를 희생하여 혜택을 볼 수 있는 가능성을 어렵게 만든다. 공정이 다소 위험한 생산설비를 설계하는 기업의 경우를 고려해 보자. 부채비율이 높은 기업은 상승잠재력은 크지만 하락위험을 채권자가 부담하는 위험이 큰 투자안을 선호한다. 그러나, 부채가 주로 단기이라면, 자산위험을 증가시키는 유인은 감소한다. 단기자금조달을 통해 차입이자율은 생산공정이 완료된 후 재교섭이 되고, 채권자를 희생해서 기업이 이득을 볼수 있는 가능성은 크게 감소된다.

■ **단기부채의 단점:** 장기투자안을 단기부채로 자본조달하는 데는 단점이 있다. 기대치 않은 이자율상승은 단기자금에 의한 부채비율이 높은 기업을 파산케 할 수도 있다. 스왑시장들과 선물시장을 통해 이자율을 헷지하므로써 단기차입을 방어할 가능성도 있다.

4) 증권설계: 전환사채

전환사채는 사전 약정한 전환비율에 따라 사채를 주식과 교환하는 옵션을 소유자에게 제공한다. 전환사채는 주식과 일반채권의 콜옵션의 혼합으로 여겨지기도 한다.

전환사채에서 옵션의 특성이 가지는 가치는 주가의 변동성이 증가하면서 따라서 증가한다. 옵션특성가치의 증가는 기업의 변동성이 증가할 때 발생하는 전환사채가치의 감소와 상쇄할 수 있다.

■ **변동성에 불변하는 전환사채의 설계:** 옵션과 일반사채의 특성의 상대적 중요성에 따라 전환사채는 기업의 전체위험수준의 증가와 더불어 가치가 증가 또는 감소할 수 있다. 기업의 변동성에 불변하는 전환사채를 설계하는 것이 가능할 수 있다고 주장되어 왔다. 부채로 자본조달이 이루어진 기업의 주주는 투자안이 양(+)의 순현가를 창출하지 않는 한, 투자안에서 이익이 얻을 수 없고 채권자로부터도 이익을 얻을 수 없기 때문에 위험이 높은 투자안을 채택할 유인을 갖지 않는다.

5) 경영보상계약

이제까지는 경영자가 주식의 가치극대화하는 투자선택을 한다고 가정했다. 그러나, 경영자는 종종 다른 목표를 가진다. 예를 들면, 경영자는 주주보다 채권자를 만족시켜야 할 압박에 있을 수 있다. 일상적 기업운영자금을 은행에 의존하는 미국의 높은 부채비율기업이나 은행이 경영자에게 더 영향력을 행사하는 독일과 일본의 기업에서 이러한 현상을 종종 볼 수 있다. 또한, 경영자는 주주보다 채권자의 이해에 더욱 연결되어 있는 경향을 볼 수 있다. 먼저, 일반적으로 경영자가 자신재산의 많은 부분을 기업에 투입하였다면, 위험이 적은 투자안을 선호하고 투자를 분산하므로써 자신의 재산을 지키려 할 것이다. 둘째로, 명성과 권력은 성장기업과 함께 하며 경영자에게 과다투자를 유인한다. 과다투자의 유인은 자기자본에 의해 통제되는 기업의 과소투자의 유인과 상반되며, 부채과잉문제로 부터 파생된다. 따라서, 경영자는 주주를 희생하여 채권자에게 혜택을 주는 선택을 할 수 있다.

채권자 또는 주주의 이해를 위해 순수히 행동하는 경영자가 주주에게 장기적으로 최선의 선택만은 아니다. 기업의 현재가치를 극대화하기 위해서 기업은 경영자가 채권자와 주주의 총가치를 극대화시키면서 모든 이해관계자에게 최적이익을 제공할 수 있는 선택을 하여야 한다. 경영자가 투자선택을 할 경우 주주뿐만 아니라 채권자의 이해도 함께 고려하여 채권자를 확신시킨다면 보다 낮은 이자율로 차입을 할 수 있다. 따라서, 기업이 경영자가 채권자와 주주 모두의 이해를 위해 행동하도록 경영자를 보상하는 유인을 가지게 한다.

6장

자본구조와 기업전략

앞 장에서는 주주와 채권자사이의 이해갈등에서 발생하는 직접파산비용과 간접파산비용에 대해서 논의하였다. 간접비용은 기업의 파산여부에 관계없이 기업이 재무적 곤경에 직면할 때마다 발생할 수 있다. 주주와 채권자의 갈등때문에 발생하는 재무곤경비용은 고성장기업이 부채를 거의 이용하지 않는 이유를 설명하여 준다. 부채가 기업의 투자유인을 왜곡시키기 때문에 대출자는 유리한 조건으로 고성장기업에게 상당한 규모의 부채자본을 제공하지 않으려는 경향이 있다. 그러나 미국의 대부분 대기업의 경우, 주주와 채권자사이의 갈등에서 발생하는 간접파산비용은 부채조달에 방해물로 작용하지는 않는다. 수많은 대기업은 합리적인 조건으로 추가적인 부채자금을 제공하려는 대출자를 발견할 수 있다.

본 장에서는 기업이 타인자본을 이용할 수 없게 하는 재무곤경비용을 설명하며, 또한 채권자가 유리한 조건으로 부채자본을 제공할 지라도 수많은 기업이 낮은 부채비율을 유지하려는 이유에 대해 설명한다.

장기부채가 거의 없으며 신용등급을 AAA이상을 유지한 1970년대의 IBM의 예를 살펴 보자. IBM은 상당한 세금을 지불하고 있었는데, 부채자본에 보다 의존하였다면 세금의 관점에서는 보다 유리하였을 것이다. 대출자가 유리한 조건으로 부채를 제공하여 주었기에 주주와 채권자의 갈등에서 발생하는 비용은 외관상으로 IBM에게 중요한 문제가 되지 않았다. 채권자는 자신에게 심각한 손해를 미칠 수 있는 방식으로 투자전략을 바꾸려는 IBM에 대해 걱정하지 않았다. IBM은 부채비율을 증가시키므로써 1970년대에 기업가치를 상승시킬 수도 있었다. 그러나 IBM이 훨씬 더 높은 부채비율을 선택하였다면, 1990년대초에 심각한 재무곤경을 경험하였을 것이다.

본 장에서 첫 번째 논제는 재무곤경이 수익성있는 사업을 운영하는 IBM과 같은 대기업에 어떻게 영향을 미치는 가이다. 재무곤경에 있는 IBM은 재무곤경에 있는 다른 대기업과 마찬가지로 고객을 잃었을까? 재무곤경이 우수종업원을 유지하는 IBM의 능력에 어떻게 영향을 미쳤을까? 공급업자에 의해 제공되는 서비스의 품질에는 어떻게 영향을 미쳤을까? 경쟁자는 IBM의 재무곤경에 어떻게 반응했을까?

자본구조의 이해관계자이론(stakeholders theory of capital structure)은 이러한 문제에 대한 해답을 제시하여 준다. 비재무이해관계자는 기업에 부채나 자기자본으로 지분을 가지고 있지 않지만, 기업의 재무적 측면에 관련되는 소비자, 종업원, 공급업자, 지역사회와 같은 이해관계자를 말한다. 자본구조의 이해관계자이론은 기업과 비재무이해관계자의 상호작용은 최적자본구조의 중요한 결정요인이라고 주장한다. 비재무이해관계자는 재무곤경에 있는 기업과 사업을 계속하지 않으려 한다. 예로서, 컴퓨터와 관련제품의 품질은 평가하기 어렵고 향후 서비스는 받어야 될 필요성이 있기 때문에 컴퓨터제조회사가 재무곤경에 처한 경우 더욱 사업을 계속하려 하지 않는다. 실제로, 곤경기업에서 가장 큰 문제는 제품판매이기 때문에 곤경기업이 유리한 조건으로 상당한 부채자본을 조달을 할 수 있더라도 보수적으로 자금조달 할 것이다.

자본조달방법과 이에 대한 이해관계자의 인식을 고려하면 자본구조결정은 기업의 전반적 전략의 견지에서 이해되어야 한다. 예를 들어, 우수제품을 생산하는 안정적 기업으로 시장에서 평가받길 원한다면 기업은 과다한 부채비율을 회피한다. 공급업자, 종업원 그리고 동종산업에서 경쟁관계의 상호작용문제가 기업의 자본구조선택에 영향을 미친다.

본 장에서는 기업의 역사가 현재자본구조에 미치는 영향을 자본구조선택의 동적 측면에서 분석한다. 예를 들어, IBM은 수익성이 높아서 내부유보로부터 대부분의 투자자금을 조달할 수 있었기 때문에 1980년대까지 거의 부채자본에 의존하지 않았다. 그러나 1990년대초에는 손실이 발생하여 IBM의 부채비율은 상당히 증가했다. IBM은 주식을 발행하므로써 부채비율을 감소시킬 수 있었지만 실행하지 않었다. 본 장에서는 IBM이 레버리지효과를 감소시키기 위해 주식을 발행하지 않은 이유에 대해 논의할 것이다.

1. 자본구조의 이해관계자이론

앞 장에서는 기업을 자본조달이 필요한 서로 다른 투자안의 집합으로 설명하고 있는 데, 이러한 분석은 기업의 투자특성과 전체적 환경을 거의 고려하지 않고 있다. 본 장에서는 기업의 환경을 중요시하고 재무적 의사결정이 제품설계, 고용정책 및 다른 전략적 선택과 어떻게 상호작용하는지를 논의한다.

〈표 6-1〉은 기업의 환경이 자본구조선택을 포함한 기업의 전체적 기업전략에 어떻게 영향을 미치는지를 보여준다. 기업환경은 기업의 경쟁자뿐만 아니라 비재무이해관계자를 포함한다. 또한 비재무이해관계자가 기업의 자본구조선택에 미치는 영향에 대해 설명하고 경쟁적 환경이 자본구조선택에 미치는 영향에 대해 설명한다.

〈표 6-1〉 기업환경과 기업전략

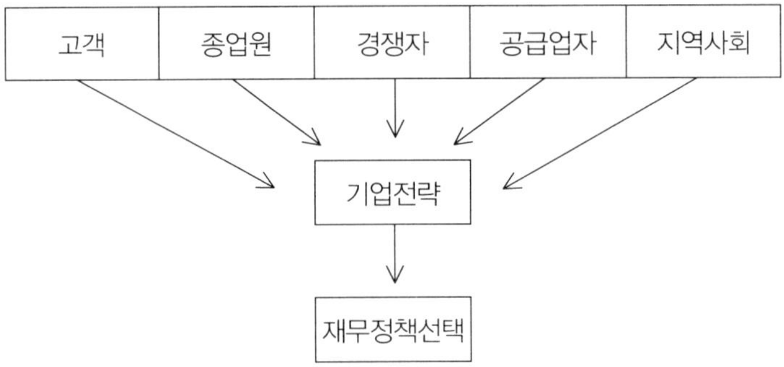

1) 비재무이해관계자

기업의 비재무이해관계자는 기업에 재무적 이해를 가지는 주주와 채권자가 아닌 소비자, 공급업자, 종업원 그리고 공동사회를 포함하는 집단을 말한다.

비재무이해관계자는 기업의 재무적 곤경에 의해 피해를 볼 수 있다. 고객은 서비스받기 어려운 불량제품을 공급받을 수 있다. 공급업자는 거래업자를, 종업원은 직장을 잃을 수 있으며, 지역사회경제는 붕괴될 수도 있다. 이러한 기업의 재무곤경과정에서 잠재적으로 부담할 비용때문에 비재무이해관계자는 모든 조건이 동일하다면, 재무적 곤경에 처한 기업과 사업을 수행하지 않을 것이다. 재무곤경기업과의 사업회피는 기업이 과도한 부채조달을 억제하기 위해 채권자가 유리한 조건으로 부채를 제공할 지라도 이를 포기하는 기회비용을 발생시킨다.

2) 이해관계자비용이 자본구조선택에 미치는 영향

비재무이해관계자가 기업의 재무적 가치에 관심을 가지는 이유를 이해하기 위해서는 먼저 재무적 가치와 이해관계자에 미치는 영향을 이해하는 것이 중요하다.

■ **파산과 청산의 관계:** 청산과정에서 마지막으로 잔여재산의 배분을 받는 주주는 비록 기업의 청산가치가 계속운영가치를 초과할 지라도 자산을 청산하는 것을 원하지 않는다. 더구나, 경영자는 비록 주주의 이해를 우선하더라도 자신의 직장을 잃을 것을 두려워 청산을 종종 거부한다. 그러나 파산기업을 계속 운영하여 야기되는 편의(bias)는 채권자가 의사결정과정에 참여하는 경우보다 크지 않다. 실제로 채권자는 청산순위에서 최우선이기 때문에 청산을 선호하는 경향이 있다.

■ **이해관계자의 청산비용:** 기업의 재무구조와 청산결정의 관련성은 파산할 경우 비재무이해관계자에게 전가되는 비용(spillover costs)이 종종 발생하기 때문에 매우 중요하다. 1970년대 미국 크라이슬러자동차(주)가 재무곤경에 빠졌을 때 소비자는 이 기업이 부품을 더 이상 생산하지 않는다면, 자신들의 자동차수리가 훨씬 더 어려워진다는 사실을

알고 있었다. 종업원과 공급업자는 역시 실직으로 청산이 자신들에게 손해라는 사실을 알게 되었다.

현명한 이해관계자는 향후 청산될 기업과 사업을 계속 수행하는 데 발생하는 비용을 예상하고 있다. 기업청산으로부터 자신들이 부담할 잠재적 비용을 피하기 위해서, 이해관계자들은 재무곤경의 경험이 있는 기업과 사업을 실행하길 회피할 것이다. 소비자는 곤경기업의 제품에 가격을 과도하게 지불하지 않거나 전혀 구매를 하지 않을 것이다. 실제로 크라이슬러자동차의 경우 정부대출보증으로 인해, 잠재소비자가 파산을 걱정해 신차의 판매점유율이 거의 2%로 하락하였다. 마찬가지로, 종업원과 공급업자도 곤경기업과 사업을 수행하기를 원치 않고, 더 높은 임금과 원자재가격의 요구로 인해 비용이 증가하여 곤경기업의 수익은 하락할 것이다.

3) 재무곤경과 기업명성

비재무이해관계자들은 청산절차가 발생하지 않더라도 기업의 부에 관심을 가진다. 앞 장에서는 기업의 높은 부채비율이 어떻게 수익성이 있는 투자안을 포기하게 만드는가에 대해 논의하였다. 이러한 관점에서 비재무이해관계자에게 관련되는 문제는 종업원과 공급업자와 진실되게 거래하고 소비자에게 우수한 제품을 제공하여 전반적으로 진솔한 평판을 유지하기 위한 유인에 부채가 어떻게 영향을 미치는가이다.

정상적 상황에서는 기업은 장기수익성을 위해 좋은 평판을 유지하려는 유인을 가진다. 그러나 기업이 재무곤경에 처해 있을 경우 단기적 유인은 물리적 자산뿐만 아니라 기업에도 관련된다. 기업이 재무곤경상황에서는 좋은 명성에 의한 장기적 는 는 파산을 회피할 단기적 현금의 필요성보다 성보다에게 덜 중요할 수도 있다. 이러한 이유로 기업은 품질이 불량한 제품을 생산하거나 만기가 임박한 차입금반제를 위한 현금조달에 긴급조 좋은내릴 수도 있다.

4) 누구를 위해 일을 하는 것이 좋을까?

이미 앞에서 논의했듯이, 고부채기업은 파산할 가능성이 높으며 파산기업은 더욱 청산할 가능성이 높다고 하겠다. 그러나 고부채기업이 종업원에게 매력적이지 못한 이유는 단순하다. 고부채기업은 과잉부채문제때문에 투자를 하지 않으려는 경향이 있다. 또한 고부채기업은 성장기회에 주저하고, 종업원에게 승진기회를 적게 제공하고 있다.

나아가, 높은 부채비율기업은 종업원을 감축하고, 수요의 단기감소에 따라 고용을 감소하려는 경향이 있다. 부채비율이 낮은 기업은 수요가 증가할 때 노동자를 고용하고 재훈련비용을 줄일 목적으로 경기가 좋지 않을 때도 높은 고용을 유지할 수 있다. 그러나, 고부채기업은 채무를 반제하기 위해 노동자를 해고하므로써, 비용을 감소하려 한다.

기업의 성공은 경영진의 자질에 크게 의존하며, 우수한 경영자 대다수는 미래성장기회가 많고 임금을 많이 지급하는 기업에서 근무하길 원한다. 따라서, 높은 부채비율은 우수한 인재를 영입하려는 기업에게 부담이 되고 있다. 다음 절에 논의하듯이, 향후 경영자의 신규영입계획이 없는 기업은 상대적으로 높은 부채비율이 이점이 된다.

이해관계자이론은 채권자가 호의적인 조건으로 부채자금을 제공한다 하더라도 기업이 부채를 이용하지 않는 이유를 설명한다. 부채는 파산이 결코 발생하지 않더라도 기업의 수익을 감소시킨다. 실제로 특정기업이 파산가능성이 매우 높다면 생존할 수 없을 것이다. 이런 경우 파산가능성에 대한 이해관계자의 두려움이 기업의 파산위험을 가중시킨다.

2. 재무곤경이 이해관계자에게 주는 혜택

본 절에서는 비경쟁시장에서 부채가 이해관계자에게 미치는 영향에 관해 언급하고자 한다. 예를 들어, 기업은 경우에 따라 노동조합과 독점공급업자와 거래를 하게 된다. 또한 기업은 특별한 설비나 기술력에 계속적으로 투자해온 공급업자와 종업원과 거래를 할 수 있다. 인적 또는 물적 자본에 특별한 투자가 이루어진 이후 소비자와 공급업자, 고용인과 고용주, 그리고 정부와 기업간의 관계가 쌍방독점관계로 발전되어 왔다. 쌍방독점상태에서 가격과 임금은 협상의 대상이 된다. 이러한 경우, 공급업자와 종업원은 자신의 공급가격과 임금이 향후 기업생존에 미치는 영향을 고려하여야 되기 때문에 재무곤경은 기업에게 협상우위를 제공해 줄 수 있다.

1) 노동조합과 교섭

부채가 교섭결과에 미치는 영향에 관한 가장 좋은 사례는 대기업과 종업원으로 구성된 노동조합과의 관계이다. 부채비율이 상승하면서 기업은 임금상승이 파산에 이르게 한다는 두려움을 이용하므로써 종업원의 임금상승요구를 억제할 수 있다. 현재 고용에 대한 좋은 대안이 없는 상황에서 종업원은 임금인상이 파산가능성을 상승시킨다면 인상된 임금으로 부터 혜택을 받지 못하는 셈이 된다. 그러므로 높은 부채비율은 쇠퇴기에서 종업원용인(concession)을 효율적으로 이용할 수 있다.

1970년대말 미국 크라이슬러자동차(주)의 재무곤경은 곤경비용과 더불어 잠재적 혜택이 있음을 예시하였다. 크라이슬러는 재무곤경의 결과 파산기업제품의 서비스에 관련된 잠재적 문제를 반영하듯이 저렴한 가격에 자동차를 팔아야만 했다. 그러나 크라이슬러는 재무곤경으로 인해 증가된 직무불안정을 보상하기 위해 임금을 상승하지 않었고 종업원의 임금양보를 유도하였다. 크라이슬러는 노조와의 협상에서 재무곤경으로부터 혜택을 얻었지만, 의도적으로 재무곤경상태을 이용하지는 않었다.

2) 정부와 교섭

지역사회나 국가사회는 대기업의 붕괴에 피해를 볼 수 있는 이해관계자라고 생각할 수 있다. 예를 들어, 폐쇄된 대규모 자동차공장은 지역사회의 극장, 소매상인, 식당과 자동차산업과 같이 직접 관련이 없는 단체에 까지 영향을 미치면서 부정적 파급효과를 일으킬 수 있다. 이러한 전가비용(spillover cost)때문에, 지역 또는 국가정부는 수많은 곤경기업의 파산을 방지할 수 있는 대출보증금과 같은 보조금을 지원했다.

잠재적 정부보조금이 기업으로 하여금 더 많은 부채자금을 이용하는지는 불확실하다. 정부가 곤경기업에 특혜를 제공하는 것은 정치적으로 중요한 의미를 가지는 노동조합과 같은 비재무이해관계자 때문이다. 소규모 기업에서 이해관계자의 결합된 정치력은 영향력이 약하므로 대기업이 재무곤경과정에서 정부보조금을 기대할 수 있다.

3) 자본구조와 경쟁전략

앞 장에서는 부채비율이 위험한 투자를 선택하고 사업을 청산하는 기업의 유인에 어떻게 영향을 미치는지를 논의하였다. 투자와 퇴출결정이 경쟁기업의 행동에 영향을 미친다면, 기업의 부채선택은 경쟁우위의 이점을 얻을 수 있는 전략적 도구가 될 수 있다. 기업의 자본구조선택은 이 전략적 문제가 어떻게 전개되는지 결정하는 데 중요한 역할을 한다.

자본구조선택의 전략적 역할을 이해하기 위해서, 사후에 변경가능성이 있는 전략을 수행하는 기업의 능력을 이해하는 것이 필요하다. 이에 대한 좋은 예는 80%의 시장점유율을 유지하려는 시장선도자의 행위에서 찾아 볼 수 있다. 경쟁자가 시장선도자와 경쟁하기를 원하고, 스스로 더 많은 시장점유율을 차지하려는 행위에는 손실이 따르기 마련이다. 가격전쟁은 시장선도자와 경쟁자의 모두에게 손실을 초래하는 결과를 낳을 수 있다.

경쟁자는 시장선도자가 기존점유율을 유지하기 위해 경쟁자와 투쟁할 것이라고 믿기에 공격적으로 시장점유율을 증대하길 주저할 것이다. 시장선도자는 확실히 공격적으로 시장점유율을 방어할 수 있다면 전략적 우위를 유지할 수 있다. 그러나, 경쟁자는 시장선도자의 행위가 확실하다고 믿지 않을 수도 있고, 대신 공격적 경쟁자와 맞선 시장선도자가 손실을 초래하는 가격전쟁을 통한 투쟁보다는 시장점유율을 묵인하고 포기할 것이라고 믿을 수도 있다. 기업의 자본구조선택은 전략문제를 결정하는 데 중요한 역할을 한다.

4) 부채와 경쟁기업

높은 부채비율이 기업으로 하여금 평소에는 수행할 수 없는 공격적인 생산정책을 수용하도록 한다면 기업들은 때때로 높은 부채비율로부터 혜택을 얻을 수 있다. 예를 들어, 기업은 생산량증가계획에 관한 메시지를 경쟁자에게 보내고 싶은 경우가 있다. 경쟁기업이 메시지를 무시한다면, 추가된 생산량은 산출물의 가격을 하락시키고, 해당기업과 경쟁기업 모두에게 수익감소를 초래할 것이다. 그러나, 메시지가 믿을 만하다고 생각하면, 경쟁기업은 가격전쟁에 참여하는 대신 산출량을 감소시키므로써 적응할 수 있다. 결국 공격적인 정책은 기업의 수익을 증가시킨다.

높은 부채비율이 생산증가를 유도한다고 경쟁기업을 어떻게 확신시킬 수 있는가? 제품의 총수요가 매우 불확실한 상황에서는 생산증가는 일반적으로 위험을 증가시킨다. 주주는 높은 부채비율로 인해 기업위험을 선호하므로(자산대체문제) 부채비율이 높을수록, 높은 수준의 산출물을 생산하도록 하려는 유인은 더욱 증가한다. 기업의 높은 부채비율을 주시하는 경쟁기업은 기업이 높은 수준의 생산을 감행할 것을 깨달을 것이다. 기업이 수익을 얻지 못하는 지점까지 가격을 하락시키려고 하지 않기 때문에, 경쟁기업은 더 낮은 수준에서 생산하므로써 높은 산출량을 조정할 수 있다. 부채가 항상 기업으로 하여금 더 공격적으로 행동하게 할 수 있을까? 부채자금조달은 기업으로 하여금 투자수준을 낮추게 하고 덜 공격적으로 행동하도록 하게 한다. 예를 들어, 가격인하 또는 광고의 증가를 통해 시장점유율을 상승시킬 수 있는 기업을 고려해보자. 기업은 두 전략을 수행하므로써 단기적으로 수익감소에 어려울 수도 있지만, 장기적으로는 시장점유율을 높여 수익증가를 실현할 수 있을 것이다. 이러한 두 접근방법으로 시장점유율을 증가시키는 전략은 할인율이 증가 또는 감소함에 따라서 더 매력적이거나 덜 매력적인 되는 투자안이 될 수 있을 것이다. 앞장에서 논의했듯이 부채과잉문제때문에 부채비율이 더욱 높아진 기업은 투자안을 평가하기 위해서 더 높은 할인율을 적용한다. 이러한 사실은 경쟁기업들이 시장점유율을 상승시키기 위해서 덜 공격적으로 경쟁한다는 것을 의미한다.

(예 6-1)는 기업의 자본구조선택이 기업의 차입비용에 어떻게 영향을 미칠 수 있고, 더 높은 시장점유율을 획득하기 위해 공격적으로 가격을 책정하는 유인에 어떻게 영향을 주는가를 설명한다.

예 6-1 하이마트의 가격정책

소규모 수퍼마켙체인인 하이마트는 더 많은 고객을 확보하기 위해 저가격정책을 고려하고 있다. 경영자는 기업이 저가격전략을 이용하므로써 처음에는 저수익을 추정하였다. 그러나 1년내 새로운 고객을 확보하여 현금흐름이 저가격정책이전보다 증가될 것을 기대하고 있다.

하이마트의 현금흐름의 변동성은 매우 높지만, 마케팅담당자는 공격적인 가격정책에서 증가된 현금흐름을 실제 정확하게 추정할 수 있다고 믿고 있다.

	1년후 현금흐름	2년후 현금흐름
저가격 전략	\$100,000	\$147,000
고가격 전략	\$120,000	\$125,000

하이마트 회계부서직원은 두 시나리오의 전략에 대해서 질문을 받았다. 첫 번째 시나리오에서는, 저가격과 고가격전략사이의 현금흐름의 차이는 무위험이자율과 일치하는 기업의 현재 차입이자율 8%로 평가했다. 두 번째 시나리오에서는 전략이 어떻게 영향을 받는지, 그래서 추가부채에 대해 이자율 12%를 지불할 것인지 질문을 받었다.

부채비율의 변화가 의사결정에 어떤 영향을 미칠까?

답 먼저, 저가격과 고가격전략의 현금흐름 차이를 계산해 보면,

1년후	2년후
–$20,000	$22,000

저가격전략은 현금흐름이 10%보다 적은 비율로 할인된다면 양의 순현가투자안이 된다. 주주에게 발생되는 현금흐름으로 전략을 평가한다면, 저가격전략은 기업이 낮은 부채비율과 8%의 차입이자율을 가질 경우 수익성이 있는 전략이지만, 높은 부채비율과 12%의 차입이자율일 경우는 수익성이 없는 전략이 될 것이다.

앞의 예는 증가된 부채가 경쟁기업이 어떻게 덜 공격적으로 변하는지를 설명해 주고 있다. 그러나, 증가된 부채가 기업을 더 공격적으로 만드는 경우도 있다. 결국, 부채비율의 증가는 경쟁기업을 공격적으로 또는 비공격적으로 만들기도 한다.

5) 부채와 약탈

특정기업의 부채비율은 경쟁기업의 전략에도 영향을 미칠 것이다. 특히, 고부채기업은 보수적으로 자본조달된 경쟁기업으로부터 적대적으로 공격받기 쉽다. 다시 말하면, 경쟁기업은 높은 부채비율의 기업이 파산되도록 가격을 의도적으로 낮출 수 있다. 높은 부채기업을 파산시켜 시장에서 퇴출되도록 한다면 장기적으로는 경쟁자에게 이점이 될 수 있다.

부채비율이 낮은 기업의 약탈정책은 소비자와 다른 이해관계자가

기업의 장기적인 생존능력에 대해서 관심을 가질 경우 더 효과적이다. 예를 들어, 특수컴퓨터설비 생산자는 음료생산자보다 공격적인 경쟁자에 의해 더욱 쉽게 시장으로부터 내쫓겨질 가능성이 많다. 컴퓨터설비소비자는 기업의 청산가능성이 높고 제품서비스를 공급받을 수 없다고 믿게 될 때 자기실현(self-fulfilling)과 같은 개념에서 구매를 중단할 것이다. 음료제조기업의 소비자를 겁주는 것은 훨씬 더 어렵고, 음료업계에서 높은 부채비율기업에 압박을 가하는 약탈가격정책이 덜 효과적일 가능성이 높다.

3. 동적 자본구조

지금까지는 자본구조결정을 단순한 靜的 상황에서 자본구조결정을 논의하였다. 기업은 자본구조를 우선 선택한 후에는 그 경제적 의미를 받아들인다고 가정하였다. 기업의 전반적 사업이 자본구조선택이후 양호하다면, 높은 부채비율기업의 경영자는 부채의 감세혜택에 만족하고 부채자금조달의 부정적인 효과를 회피하며 만족하였을 것이다. 반대로, 기업의 사업상황이 악화되었다면, 부채의 세금혜택은 이용할 수 없고, 재무곤경비용에 직면한 경영자는 높은 부채비율에 대해 불만일 것이다. 정적 자본구조이론은 자본구조가 시기에 따라 최적화될 수 있다고 가정한다. 이 이론에 따르면 기업은 최적자본구조에 도달하기 위해서 부채의 세금혜택과 재무곤경비율을 비교 분석해야 된다고 주장한다.

경영자가 실제 정적 자본구조이론이 제시하는 것처럼 시기별로 자본구조를 최적화하지 않지만, 자본구조조정과 관련된 비용을 설명하는 動的 조정과정을 통해 자본구조를 결정한다. 따라서, 특정한 시점 기업은 장기최적화 또는 목표부채비율에서 이탈할 수도 있다.

1) 자본구조선택의 우선순위

자본구조선택을 통제하는 동적 과정은 재무분야 학자들에 의해 여전히 논란이 되고 있다. 우선, Donaldson(1961)이 경영자가 재무의사결정을 어떻게 하는지를 기술한 재무선택의 페킹오더이론(pecking order theory)을 다시 고려해보자. 이 이론에서 자본구조의 선택순서는 다음과 같이 요약할 수 있다.

1. 기업은 외부자금보다 유보이익으로 투자자금조달을 선호한다.
2. 유보이익의 투자자금조달을 선호하기 때문에, 기업은 기대투자수요을 반영한 배당정책에 적응한다.
3. 배당정책의 본질적 변동을 주저하고 그리고 현금흐름과 투자수요의 변동으로 유보이익은 기업의 투자수요액보다 클 수도 적을 수도 있다. 기업이 잉여현금을 가지고 있나면, 환매에 우선하여 부채를 반제하려는 경향이 있을 것이다. 외부자금조달이 필요하면, 기업은 가장 안전한 증권을 우선적으로 발행할 것이다. 일반사채로 시작하여 전환사채 그리고 주식의 우선순서로 발행할 것이다.

과거 수많은 실증적 연구가 Donaldson(1961)의 주장을 지지하였다. 수익성있는 기업은 주식환매보다는 부채반제를 위해 상당규모의 이익잉여금을 이용하는 경향이 있다. 더구나 외부자본이 필요한 수익성이 적은 기업은 투자자금을 충당하기 위해 부채에 의존하는 경향이 있다. 결과적으로 수익성이 높은 기업은 상대적으로 낮은 부채비율을 가지는 반면, 수익성이 낮은 기업은 상대적으로 높은 부채비율을 가질 것이다. 정적상충모델(static trade-off model)에 의하면 기업이 재무적 곤경에 있을 경우에는, 주식을 발행하지 않는다는 것이다. 기업은 주식자본이 가장 필요로 할 때 주식발행을 가장 주저한다고 나타났다.

이 페킹오더이론에 대해서는 다음과 같은 설명이 제시되고 있다.

1. 세금과 거래비용은 신주발행보다 유보이익과 부채를 통해 신규 투자의 자금조달을 선호하게 한다.
2. 경영자는 일반적으로 이사회의 승인없이 부채자본을 조달할 수 있다. 그러나 주식발행은 일반적으로 이사회의 승인이 필요하고 더 나아가 외부감시가 필요하다.
3. 주식발행은 투자자에게 부정적 정보를 전달한다.
4. 재무곤경기업은 종업원과 공급업자로부터 양보를 얻으려는 기대에서 높은 부채비율을 유지하길 원할 수 있다.
5. 부채과잉문제는 재무곤경기업에게 주식발행이 덜 매력적이다.

2) 경영자 유인에 의한 설명

일반적으로, 경영자는 기업이 상대적으로 부채비율이 낮으므로 개인적으로 혜택을 받는다고 생각한다. 경영자가 낮은 부채비율을 선호하지 않는 이유는 부채비율이 상대적으로 낮은 기업은 높은 기업보다 쉽게 투자자본을 조달할 수 있어 경영자에게 보다 큰 기회를 창출할 수 있기 때문이다. 그러므로, 경영자는 이익을 주주에게 배분하기 보다는 유보하기를 선호하고, 이사회의 승인이 필요하지 않거나 감시를 받게 되지 않는다면 주식발행도 선호할 것이다.

3) 정보불균형에 의한 설명

페킹오너이론에 대한 세 번째 설명은 Myers와 Majluf(1984)의 정보기초모델(information-based model)에 근거하고 있다. 경영자가 주식이 과소평가되었다고 믿을 때는 주식발행을 주저하기 마련이다. 따라서, 투자자는 종종 경영자가 주식이 평가절상되었다고 믿을 때 신주가 방행된다고 믿으며, 기업이 신주발행을 발표했을 때 주가가 떨어진다고 믿고 있다. 신주발행에 대한 시장의 부정적 반응때문에 기업은 주가의 과대평가가 오류라 할지라도 신주발행을 연기할 수 있다.

4) 이해관계자이론에 의한 설명

일반적으로, 대부분의 비재무이해관계자는 기업의 주식발행을 선호한다. 예를 들어, 기업이 부채비율을 낮게 유지한다면 종업원은 직장이 보다 안정적이고 교섭력이 개선될 것으로 믿는다. 그러나 이러한 사실은 주식발행이 반드시 주주의 이해에 일치한다는 사실을 의미하지 않는다. 수익성있는 기업은 확장을 기대하고 그 결과로 우수한 종업원을 영입하기 위해 낮은 부채비율을 유지하고 잠재적 전략파트너에게 가능한 매력적으로 보일려고 할 것이다. 수익성이 적은 기업은 규모를 축소할 계획을 하고, 보다 높은 부채비율로 보다 효율적으로 운영하려 할 것이다. 기업은 침체시기에 공급업자와 종업원과 재교섭하길 원할 것이다. 기업은 부채비율이 높거나 재무적으로 곤경을 경험하고 있다면 종업원에게 양보를 할 수 있는 좋은 입장에 있을 것이다.

5) 주주와 채권자의 갈등에 의한 설명

주주와 채권자를 비롯한 재무청구자 역시 추가적인 주식발행에 동의하지 않을 수 있다. 앞 장에서 상당한 장기부채를 가진 기업은 지속적인 손실이후에는 주식을 발행할 유인을 거의 갖지 않는다고 언급하였다. 파산비용이 기업의 채권자에 의해 기본적으로 부담된다면, 주주는 신주발행으로 아무 혜택을 얻지 못한다. 실제로 기업이 부채를 주식으로 대체할 경우 주가는 하락한다. 왜냐하면 부채감소는 기존부채의 가치를 증가시키지만 주주로부터 채권자에게 부를 이전시키기 때문에 주가는 하락하기 마련이다. 이 일반원칙의 예외적인 경우는 상당한 부채감소는 재무곤경비용을 제거하므로 기업의 가치를 증가시키는 경우에 발생한다. 극단적으로, 재무곤경기업은 자기자본을 조달할 수 없고 기업은 단순히 신주를 발행하여 재무곤경에서 벗어날 수는 없다. 대출자가 부채의 일부를 포기하거나 기업에 추가현금투입을 제공하는 것이 재무곤경을 피할 수 있는 방법이다.

예 6-2 재무곤경기업이 주식을 발행할 수 있을까?

Gentry, Inc는 재무적 곤경을 겪고 있지만 채무불이행수준에는 아직 이르지 않은 상황에 있다. 채권은 액면가의 50%에서 팔리고 있다. 기업의 현재가치는 6억 달러이고, 5천만 달러의 주식과 5.5억 달러의 무이표채로 구성되어 있다. 채권은 6개월만기 1억 달러 액면가와 2년만기 10억 달러 액면가를 가진 총 11억 달러 액면가를 가지고 있다. 모든 종류의 채권의 총가치가 신규주식발행으로 10% 상승된다고 가정하면, Gentry는 6개월내 1억 달러 채무를 갚기 위해 주식을 발행할 수 있을까?

답

그렇지 않다. Gentry가 파산이 임박하였지만, 투자자는 기업이 회복될 가능성이 조금이라도 있다고 믿기 때문에 주식은 여전히 가치를 지니고 있다. 이 사례에서 주식은 가치없이 종료되는 외가격(out-of-the-money) 옵션으로 간주할 수 있다. 기업이 다음 2년 동안 생존하기 위해서 상당한 주가상승이 있어야 되지만 기업이 현재주가로 신주를 발행할 수는 없다.

만기에 이른 채무를 상환하기 위해 1억 달러 신주발행은 기업가치를 1억 달러 증가하는 셈이다. 이 투입은 부채가 완전히 반제될 가능성을 증가시키기 때문에 채권의 가치를 상승시킨다. 채권이 투입된 결과로 5,500만 달러의 가치를 얻기 때문에, 신주발행이후 자기자본의 가치는 9,500만 달러가 된다. 투자자는 주식에 추가적으로 1억 달러를 투입하지 않는다.

상기 예시는 채권자가 자본재구성으로 부터 많은 혜택을 보기 때문에 기업이 신주를 발행할 수 없는 배경을 설명하고 있다. 자본재구성이 기업가치를 증가하지 못하면, 신주투입은 주주로부터 채권자에게 가치를 이전시키므로써 주주에게 손해를 입힌다. 그러나, 많은 사례에서 재무곤경기업은 주주, 채권자 모두 혜택을 얻을 수 있는 자본재구성이후에 가치가 높아진 사실을 발견할 수 있다. 예를 들면, 재무곤경때문에 제품을 팔 수 없거나 주요종업원을 잃을 경우에도 이러한 사례를 볼 수 있다. 재무곤경은 주주에게 현금흐름을 감소시키기 때문에 기업이 부채뿐만 아니라 현재주식의 가치를 증가시킬 수 있는 신주발행의 유인을 제공한다.

7장

경영자 유인과 재무결정

지금까지는 외부자인 주주와 내부자인 경영자가 기업에 관해 동질적으로 알고 있다는 단순한 가정에서 재무결정에 대해 살펴 보았다. 대체로, 이러한 가정은 투자결정과 자본조달결정이 주주가치를 창출하기 위하여 어떻게 이루어져야 되는가를 이해하는 데 유용한 전제가 되고 있다. 그러나 주주와 경영자사이에 이해갈등이 존재한다면 투자결정과 자본조달결정이 실제로 어떻게 이루어져야 되는가에 대해 설명을 해주지 못한다.

본 장에서는 재무결정이 주주와 경영자간의 이해갈등을 고려할 경우 실제로 어떻게 이루어지는가에 대해 설명할 것이고 나아가 재무결정이 현실적인 환경에서 어떻게 이루어져야 되는가에 대해 설명할 것이다.

경영자의 결정이 기업가치극대화라는 목표에 왜 이탈되어 이루어지는가에 대해서는 두 가지 견해를 가질 수 있다. 첫 번째 견해는, 경영자는 자신의 직위를 이용하여 주주이해를 희생하여 개인적 이해를 추구한다. 이 견해는 냉소적 견해라고 말할 수 있다. 두 번째 견해는 경영자는 자신의 직위를 이용하여 주주보다 많은 기업구성원의 이해를 증진하는 데 중점을 두고 있다는 것이다.

경영자와 주주의 이해갈등의 가장 중요한 원인은 대부분 경영자가 주주가 아닌 종업원을 비롯한 이해관계자에게 갖는 충성심에서 야기된다. 예를 들면, 경영자는 종업원을 해고하는 데 주저하지만 종업원에게 도전적 기회를 제공하는 데에는 보람을 느끼곤 한다. 경영자가 기업가치를 극대화하려는 투자결정과 자본조달결정을 선택하지 않다는 것은 상기 두 견해에서 일치한다. 경영자는 자신뿐만 아니라 종업원에게 성장기회를 보다 많이 제공하기 위해 기업의 규모나 다양성을 증가시키는 수익성이 없는 투자안을 수용하거나 기업가치를 극대화할 수 있는 최적타인자본비율보다 낮은 수준의 부채비율을 유지하려 한다.

기업의 자본구조는 여러 관점에 살펴 볼 수 있다. 본 장에서는 두 견해에서 자본구조를 살펴볼 것이다. 첫 번째는 기업을 완전히 통제하고 있어 개인적으로 낮은 위험과 높은 성장을 추구하는 경영자의 견해에서, 두 번째는 기업의 전반적 전략에 영향을 미치지만 기업의 일상적 의사결정은 통제할 수 없는 대주주 또는 이사회의 견해에서 살펴 볼 것이다. 외부대주주는 기업의 자본구조결정에 영향을 미칠 수 있기에 자본구조선택을 쉽게 관찰하지만 투자선택에는 영향을 미치지 못한다. 본 장에서는 외부주주가 경영자의 투자선택에 간접적으로 통제하기 위해 자본구조선택에 어떻게 영향을 미치는가에 대해 살펴 볼 것이다. 또한 본 장에서는 이러한 유인문제를 최소화하기 위한 경영자보상에 대해 살펴 볼 것이다.

1. 소유와 통제의 분리

1) 경영자의 역할

주주는 주식가치의 극대화에 우선적으로 관심을 가지고 있지만, 경영자는 주주를 많은 구성원가운데 하나로 인식하고 있다. Lorsch (1983)는 최고경영자는 자신이 재무적 또는 비재무적 이해관계자인 투자자, 고객 및 공급업자 그리고 종업원을 대변하고 있다고 생각한다고 주장하였다. 경영자는 의사결정과정에서 단순히 주주가치극대화를 추구하기보다는 상기 세 집단의 이해를 조정하는 경향이 있다. 물론 의사결정이 이 세 집단의 이해에 영향을 미치지 않는다면 갈등은 없겠지만 현실적으로는 갈등이 항상 존재하기 마련이다.

경영자가 대부분의 시간을 고객 공급업자 종업원에게 소비하며 이들과 관계를 유지하려 한다면 경영자가 기업의 모든 이해관계자의 이해를 반영하려는 의지는 다소 자연스러울 것이다. 그러나 경영자는 기관투자자와의 관계개선에 보다 많은 시간을 소비하고 있지만 주주와의 관계에는 보다 적은 시간을 소비하고 있는 실정이다.

2) 경영자 유인의 결정요인

경영자가 주주의 이해에 미치는 영향에는 다수의 요인이 관련되어 있다. 예로서, 최고경영자가 직무에 근무하는 기간이 증가할수록 경영자가 관계하는 이해집단에 대한 충성심은 증가한다. 따라서, 경영자가 고객이나 종업원의 이해를 희생하면서 기업의 주가를 증가한다는 것은 더욱 어려울 것이다. 기업의 가치를 증진하기 위해 구조조정을 하는 경영자가 당면한 난처한 입장을 고려하여 보자. 경영자는 지난 달에 매입한 주식을 기관투자자를 위해 구조조정이 끝난 후 다시 매각하여야 되겠는가? 경영자는 수년간 자신을 위해 일한 종업원을 구조조정이 끝난 후 조기퇴직을 강요하여야 되겠는가?

경영자가 소유한 주식비율은 주주와 경영자의 이해갈등에 대한 결정요인으로 영향을 미친다. Jensen and Meckling(1976)은 자사주지분이 높은 경영자가 주주의 이해와 일치하는 행동을 하는가에 대해 직관적인 설명을 하고 있다. 만일 경영자가 5%의 지분을 가지고 있다면 자신의 이해를 위한 특권적 소비나 불필요한 지출에 대해 5%만 자신이 부담하고 나머지 95%는 다른 이해관계자가 부담하게 될 것이다. 따라서 경영자는 자신이 경비의 일부를 부담해야 된다면 실제 소비하지 않은 비용은 기업자금으로 부담하게 할 것이다.

3) 주주의 경영자통제

기업의 주가가 경영자의 정책변경과 관련성이 있다 할지라도, 일반적으로 주주는 경영자가 주가극대화를 위해 행동하거나 조기퇴직하도록 강요하지 못하고 있다. 주주의 주식소유분포가 너무 분산되어 있어 특정인이나 특정집단이 절대적인 통제력을 가지고 있는 현실이다. 이러한 사실은 모든 주주가 경영자의 해임을 원할 정도로 가치극대화를 추구하지 않는 경영자를 규율하는 행동을 강구하지 않기 때문에 무임승차문제가 야기된다.

경영자의 정책방향에 반하는 주주는 위임장투쟁(proxy fight)을 통하여 현재 이사회를 폐지하고 새로운 이사회로 선출하여 정책을 변경하도록 감행할 것이다. 위임장투쟁은 매우 힘든 작업이며 단체투표를 하기 위해 외부주주를 규합한다는 것이 항상 성공적일 수는 없다. 위임장투쟁에 참여하는 모든 주주에게 돌아오는 혜택은 비용을 초과하지만, 비용을 부담하는 주주는 오직 미미한 혜택만 받는 경우가 대부분이다. 따라서, 비용을 부담하지 않는 다른 주주는 무임승차자가 되는 셈이 된다. 따라서, 위임장투쟁이 거의 발생하지 않는 것은 놀라운 일이 아니다.

■ **비효율적인 경영관리에도 왜 주식은 분산되어 있는가?** : 자본자산가격결정모형에 의하면 모든 투자자는 동일한 시장포트폴리오를 보유하며 특정기업의 특정투자자는 극히 소수의 주식을 보유한다고 주장하고 있다. 따라서, 경영자를 통제할 수 있는 능력과 분산화된 포트폴리오를 소유하려는 욕구와는 상호갈등적 관계에 있다.

투자자가 경영자를 통제하길 원한다면, 일반적으로 분산화되지 않은 포트폴리오를 소유하여야 된다. 투자자는 경영자가 가치극대화를 추구하게 하므로써 혜택을 보게 되지만, 분산화되지 않은 포트폴리오를 보유하게 되면 비용을 치루게 된다. 그러므로 투자자는 분산화와 통제사이에 상충관계(trade-off)를 당면하게 된다. 분산화되지 않은 포트폴리오를 소유한 투자자는 다른 주주와 함께 통제의 혜택을 받게 되지만 비용은 혼자서 부담하게 된다.

■ **금융기관은 무임승차문제를 완화시킬 수 있는가?** : 분산포트폴리오의 중요성은 왜 개인투자자가 경영자를 적절하게 통제할 수 있는 규모의 주식을 보유하지 않는 이유를 설명해 주고 있다. 따라서 금융기관은 주주를 대신하여 왜 경영자를 감독하지 않는가 하는 의문이 제기된다.

1930년대 입법되어 최근 폐지된 미국의 Glass-Steagall법에 의하면 금융기관은 기업주식소유에 의한 통제를 금지하였다. 반면, 독일과 일본은 대조적으로 은행이 상당한 기업주식을 소유하고 경영자를 감독 통제하는 기능을 실현하고 있다. 현재 미국에서는 뮤츄럴펀드나 보험회사가 상당한 기업주식을 소유하고 있지만, 규제법규에서는 개별기업의 주식을 5%이상을 소유하지 못하도록 제한하고 있다.

연금기금(pension funds)을 비롯한 기관투자자는 최근 공개적으로 기업의 행태를 더욱 통제하고 있다. 그러나 사립연금기금은 여전 경영자에게 통제권을 행사하는 것을 주저하고 있다. CALPERS와 같은 종업원을 위한 연금기금은 경영자에 대한 감독기능을 발휘하는 데 더욱 적극적인 성향을 보이고 있다.

4) 기업지배구조의 변화

1980년대 중반부터 1990년대초에 걸쳐 경영자는 주주이해에 보다 민감한 반응을 보여 주었다. 이러한 배경에는 기업인수시장의 활성화, 경영자 유인계획의 증가, 경영자 보상제도의 증가 및 기관투자자의 적극적 참여 등이 작용하였다.

미국에서 1990년대초 기관투자자의 적극적 역할은 증권위원회법의 변화로 이루어진 바 있다. 이러한 법규개정은 경영자보상제도에 대한 보다 적극적인 공개를 초래하여 경영자가 보상에 따른 성과를 실현하게 압박하였다. 또한 주주가 다른 주주에 대한 정보를 보다 쉽게 얻도록 하여 위임장투쟁에 드는 비용을 대폭 감소시켰다.

이사회는 경영자감독기관으로 종전보다 적극적인 역할을 하기 시작하였다. 이사회의 규모는 점점 소규모화가 되었고 사외이사비율은 상대적으로 증가하는 추세를 보였다. 이러한 추세로 최근에는 최고경영자가 부진한 실적으로 점점 많이 해고되는 경향마저 보였다.

2. 경영자주식소유와 시장가치

포트폴리오이론에 의한 주식분산원리에 불구하고 실제 대부분 기업에서 주식이 매우 집중되어 있는 현상을 보여 주고 있다. Demsetz and Lehn(1985)와 Morck, Shleifer and Vishny(1988)은 개인대주주와 개별기관투자자가 발행주식주의 상당부분을 보유하고 있다는 자료를 제시하였다. 미국이 아닌 국가에서는 소수주주가 더욱 대부분의 주식을 집중적으로 보유하고 있는 현상을 보여 주고 있다. 특히 외부주주에 대한 법적보호가 미약한 국가에서는 더욱 심한 현상을 보여 주고 있다.

1) 경영자주식소유가 주가에 미치는 효과

앞서 논의한 바와 같이 지배적 개인대주주는 세금문제로 분산화하기 위해 자사주를 매각하시 않는 경향이 있다. 개인대주주는 자신이 소유하고 있는 자사주의 매각이 주주에게 비우호적인 정보를 전달하므로써 주가에 미치는 영향을 고려할 것이다. 개인대주주가 대량의 주식을 보유하고 있다는 사실은 기업이 미래전망에 긍정적이며 주가극대화전략을 전개할 것이라는 의미를 지니게 된다.

3. 경영통제가 투자결정에 미치는 영향

기업의 소유와 통제에 대한 분석은 기업이 어떻게 투자결정을 하는가에 대해 많은 함축적 의미를 제시한다. 본 절에서는 자신의 이해를 추구하는 경영자의 투자선택과 외부대주주가 투자결정에 미치는 영향을 중심으로 살펴 볼 것이다.

1) 경영자가 선호하는 투자선택

■ **경영자의 전문성에 부합되는 투자:** 경영자는 대기업을 경영관리하면서 얻는 여러 혜택이 유지 확대되길 원한다. 경영자가 기업을 통제하므로써 얻는 혜택이 아주 크다면 직위를 계속 유지하려는 욕구가 크므로 향후 경영자를 더욱 어렵게 하는 투자결정과 자본조달결정을 유인할 것이다[Shleifer and Vishny(1989)]. 현재 직위에 안주하기 위하여 경영자는 자신만이 전문지식을 가지고 있기에 타인에 의해 변경 폐지할 수 없는 투자안을 선택할 것이다. 간단한 예로서, 1980년대 원유가격은 계속 하락하는 데 석유회사는 계속 채유를 중지하지 않은 적이 있다.

또한 경영자는 자신이 시작한 투자안이 완성되기 전에 보직이 변경되기 어렵게 하는 묵시적 계약이나 개인적 관계를 유지하길 원한다.

■ **연예 오락산업에 투자:** 대부분 사람은 화학산업보다는 연예산업을 선호한다. 영화촬영장에서 즐거운 일을 하거나 홍미있는 사람을 만나는 것이 정유작업보다 즐거울 것이다.

■ **조기상환이 가능한 투자:** 경영자는 장기적 고려보다는 당기나 단기

에 투자보상이 가능한 투자안을 선호한다. 단기이익의 실현은 경영자가 보다 유리한 조건에서 자본조달을 저렴하게 또는 보상을 증가하거나 보직을 계속 유지할 가능성을 높여준다. 따라서 경영자는 장기간에 걸쳐 보다 큰 순현가를 창출하는 투자안보다 투자자금회수기간이 짧은 투자안을 우선적으로 선호한다.

■ **경영자위험을 감소하고 사업범위를 증가하는 투자:** 파산으로 개인의 부담비용이 크다면 경영자는 투자결정과 자본조달결정을 왜곡시킨다. Gilson(1989)은 최고경영자의 43% 그리고 이사의 46%만이 파산이후 직위를 유지하였다고 보고하였다.

파산에 대한 두려움은 경영자가 왜 소규모 기업보다 대규모 기업을 선호하는가 그리고 규모확대에 열성적인가 나아가 이익을 배당금보다 재투자에 배분하는가를 설명해 주고 있다. 경영자는 투자안의 선택에 있어 특히 주주가 분산화를 통해 회피할 수 있는 위험에 있어서도 과도하게 위험회피적이기도 하다. 포트폴리오이론에서는 체계적 위험만이 문제가 된다. 그러나 경영자는 체계적 위험뿐만 아니라 비체계적 위험도 문제시하고 있다. 왜냐하면 두 위험은 기업을 재무적 곤경에 빠뜨릴 수가 있고 경영자가 직업을 잃게 할 수 있기 때문이다. 따라서 경영자는 자본구조에서 가치극대화할 수 있는 최적부채수준보나 낮은 부채를 선호하게 된다.

기업규모의 확대가 기업위험을 감소하기 위한 유일한 이유는 아니다. 대기업의 최고경영자라는 직위는 신분과 권위를 함께 가지고 있다. 뿐만 아니라 대기업의 최고경영자에게는 고액의 연봉이 보증되기도 한다. 실제로 보상책임자는 기업규모를 보상체계에서 주요변수로 설정한다.

2) 외부주주와 경영자재량권

경영자가 투자결정을 선택할 수 있지만 외부대주주는 경영자가 자신의 이해를 위해 투자결정을 오도한다는 사실을 알고 있기에 경영자재량권을 감소하려는 유인을 가지고 있다. 외부대주주는 경영자의 미래재량권을 제한하는 고정자산과 다른 기술개발투자를 선호할 것이다.
■ **경영자재량권의 혜택과 비용:** 불확실한 상황에서 신축적인 투자계획은 신축성이 기업의 영업선택권을 증가시키므로 부가가치를 증가한다. 불확실성이 클수록 신축성의 가치는 더욱 크다. 따라서, 유인문제로 인해 신축성을 제한하므로 발생하는 비용은 불확실성이 커질수록 더욱 커질 것이다. 불확실성이 충분히 존재할 경우, 외부주주가 경영자를 감독하는 데 보다 많은 노력을 기울이지만 경영자에게 보다 많은 신축성과 재량권을 부여한다면 보다 좋은 결과를 낳을 것이다. 불확실성이 거의 없을 경우에는, 외부대주주가 경영자의 신축성을 제한할 것이다.

4. 자본구조와 경영자 통제

앞서 언급한 바와 같이 경영자는 최적부채수준보다 적은 부채를 선호한다. 왜냐하면 부채의 증가는 파산위험을 증가하고 경영자재량권을 제한하기 때문이다. 그러나 특정한 경우에는 외부대주주가 이러한 요인을 역설적으로 이용하기도 한다. 부채의 증가는 최적부채수준일 경우에서 경영자의 기업확장을 보다 제지하기도 한다. 부채의 증가는 파산위험을 증가하기에 경영자가 개인적으로 선호하지만 기업가치를 감소시키는 정책을 회피하도록 경영자를 유도할 수 있다. 경영자가 직위에서 해임되는 것을 두려워 하게 한다. 자신의 이해에 집착하고 있는 경영자를 고용하고 있는 기업의 주주는 주주의 이해를 우선하는 기업의 부채비율보다 높은 부채비율을 선호한다(Grossman and Hart(1982)).

1) 주주통제와 부채비율

Meheran(1992)은 외부주주통제와 부채비율간의 관계를 실증적으로 분석하였는데, 부채비율과 다음 요인은 양(+)의 관계가 있다고 주장하였다.

- · 성과에 따른 경영자 총보상액
- · 경영자 소유지분
- · 이사회에 투자금융가의 구성비율
- · 대주주 소유지분

즉, 기업이 현재주가를 증가시키는 데 강한 관심을 가지고 있는 경영자에 의해 경영되거나 또는 이사회나 대주주에 의해 감독되고 있다면 주주는 부채비율을 선호할 것이다.

2) 부채비율과 투자수준

앞서 부채자본조달이 기업의 투자를 제한한다고 논의하였지만, 경영자가 과다투자하려는 경향이 있다면 경영자의 투자능력을 제한하는 것이 기업가치를 증진시킬 것이다.

■ **최적투자를 위한 부채비율선택:** 앞서 과다한 부채로 인해 기업이 수

익성이 있는 투자안도 회피하는 경우를 논의하였다. 부채과다문제(debt overhang problem)는 높은 부채비율의 기업이 추가적인 자금을 외부에서 조달하는 비용이 높고, 주주가 기업이 투자하길 원하는 자금의 규모를 감소시킬 것이다. 경영자가 과대투자하려 한다면, 부채에 의한 자본조달은 이러한 경향을 완화시킬 수 있다.

예 7-1 최적투자전략을 위한 부채비율

특정기업이 1억 달러의 기초투자로 창업한 1년 후, 1억 달러를 추가투자할 것인가를 결정해야 되는 문제에 당면하고 있다. 경제상황에 따라 투자를 계속할 경우와 하지 아니할 경우에 따른 기대수익은 다음과 같다.

	보상액		
	호황	보통	불황
투자할 경우 보상	250	175	125
투자가 없을 경우 보상	50	50	50

1년 후 호황이거나 보통상황에서 추가투자는 양(+)의 순현가를 가지고 있다. 즉, 호황이나 보통상황에서 1억 달러이상의 가치를 창출하고 있다. 그러나 불황에서 [illegible]할 경우 7,500만 달러의 가치를 창출하기에 추가투자는 부(-)의 순현가를 가지게 된다.

1년이라도 투자에 대한 자본조달을 할 경우, 주주는 경영자가 비록 음(-)의 순현가를 가지는 투자안이라도 채택할 것으로 알고 있다. 경영자는 1년말에 추가투자가 양(+)의 순현가를 가질 경우에만 기초투자에 자본조달을 할 수 것인가?

답

기초투자 1억 달러가 오직 주식발행으로만 조달된다면, 추가투자는 불황일 경우에도 오직 부채로만 조달될 수 있다. 경영자가 불황인 경우에 추가투자를 못하게 위해서는 기업은 기초투자의 일부를 상위사채(senior debt)로 잔여투자소요액은 하위부채로 조달할 수 있다. 기초투자가 전적으로 상위사채로 조달된다면, 기업은 보통상황에서 추가투자 1억 달러를 조달하지 못할 것이다(보통상황에서 기초투자 1억 달러는 기초에 조달되어야 하므로 오직 7,500만 달러만이 신규투자자에게 지급될 것이다). 이 경우에 수익성이 있는 투자안은 포기될 것이다. 그러나 기업이 2,500만 달러이상 7,500만 달러미만을 상위부채로 조달한다면 기업은 호황과 보통상황에서도 투자안에 자본조달이 가능하지만, 불황인 경우에는 불가능하다.

상기 예에서 보는 바와 같이, 외부주주는 경영자가 적절한 부채비율을 선택하므로써 적정한 투자를 하도록 유인할 수 있다. 그러나 현실적으로는 의도한대로 이루어지지 않을 수 있다. 상기 예에서 투자안의 자본조달에서 내부생성자금을 고려하지 않고 있다. 기업이 내부생성자금을 가지고 있다면 수익성이 있는 투자안을 채택하는 데 문제점이 없다. 그러나 기업이 투자안이 음(-)의 순현가를 가질 경우에는 적절한 자본구조를 선택하여 모든 경제상황에 따라 최적투자를 이룬다는 것은 불가능하다.

5. 경영자보상

소유주와 경영자의 관계는 주주는 주인이고 경영자는 대리인인 관계로 살펴볼 수 있다. 주인과 대리인의 이해갈등에서 발생하는 대리문제를 해결碮 위하여 대리인이 주인의 이해를 위해 일하도록 여러 가지의 보상방법이 제시되고 있다.

1) 대리문제

■ **대리문제의 구성요인:** 대리문제는 대리인이 통제할 수 없는 불확실성과 주인의 정보부족이라는 두 구성요인을 가지고 있다. 주인이 대리인의 행동을 관찰할 수 있고 무임승차문제가 없다면, 유인문제는 발생하지 않을 것이다. 주인은 대리인이 주인의 이해를 위해 일하도록 할 수 있을 것이다. 대리인이 특정한 투자안의 위험을 감수하기를 주저하지 않거나 대리인이 위험을 대부분 통제할 수 있다면 주인은 대리인이 자신의 행동에 관련된 모든 위험을 감수하게 하므로써 가치극대화의 선택을 할 수 있다. 경영자가 위험을 회피하지 않거나 자본을 가지고 있을 경우 가장 바람직한 상황은 경영자가 기업의 모든 주식을 소유하는 것이다.

■ **투입과 산출에 대한 측정:** 대리문제는 주인이 대리인의 문제를 정확히 관찰할 수 있다면 완화할 수 있다. 주인은 다음 두 가지 방법을 이용할 수 있다. 1) 대리인의 노동투입시간을 면밀하게 측정한다. 2) 대리인의 업적을 간접적으로 관찰하므로써 대리인의 행동을 측정한다.

1970년대 중반까지 미국의 대부분 대기업은 투입량을 측정하므로써 대리문제를 해결하려 하였다. 경영자가 직무를 적절하게 수행하도록 통제시스템이 설정되어 있었다. 경영자가 투입하는 노력의 양을 평가하는 것은 가능하여도 노력의 질을 평가하는 것은 불가능하였다. 비록 경영자가 투입하는 노력의 양과 질을 평가할 수 있더라도 실적에 따른 상여금을 정확히 규명하기는 어려운 것이다. 1970년대 이후에는 경영자의 투입보다는 산출에 근거하여 경영자를 평가 보상하는 경향이 전세계적으로 보급되어 왔다. 즉, 성과에 따라 보상하는 제도가 널리 보급되어 가고 있는 실정이다.

■ **최적유인계약설계:** 기업의 이익은 다수 요인에 의해 결정된다. 특정한 요인은 경영자가 통제할 수 있지만, 일부는 통제할 수 없을 것이다. 일반적으로, 우수한 보상계약은 경영자가 통제할 수 없는 요인에 의해 처벌받는 범위를 감소시킨다. 예를 들어, 소작인은 홍수가 잦은 연도의 흉작보다 가뭄이 적은 연도에 흉작에 적은 처벌을 받게 된다. 따라서, 강우량에 대한 정보는 대리인의 위험을 감소시킬 수 있고 소작인과 지주간의 관계를 개선시킬 수 있다.

이러한 논리를 경영보상계약에 적용한다면, 경영자의 보상을 기업의 주가나 이익에 단순히 연결하여서는 안 되지만, 기업의 주식수익률이나 이익이 시장평균이나 타경쟁기업의 성과에 초과하는 범위에 대해 연결할 수 있을 것이다.

8장

재무결정의 정보전달효과

본 장에서는 재무결정이 전달하는 정보효과와 정보가 재무결정에 미치는 효과를 이해할 수 있는 체계를 제시한다. 본 장에서는 경영자는 외부투자자보다 기업내부사정에 관한 정보를 더 많이 가지고 있다고 전제한다. 즉, 경영자는 기업주식의 가치평가에 대한 내부정보를 외부투자자보다 많이 가지고 있다고 전제한다. 경영자는 주주들에게 회사정보를 다음과 같은 이유에서 공개하지 않는다.

- 기업정보는 경쟁자들에게 귀중한 정보가 될 수 있다.
- 기업은 사후에 부정확하다고 밝혀진 정보에 대해 투자자로부터 책임을 추궁당할 수 있다.
- 경영자는 회사에 이롭지 못한 정보를 발표하지 않으려는 경향이 있다.
- 정보는 계량화하거나 구체적으로 기술하기 어려운 경우가 있다.

기업이 불완전하거나 불충분한 정보를 직접 공개한다면, 투자자들은 간접적인 정보에 의존하여 평가를 하게 마련이다. 특히 투자자가 직접 관찰할 수 있는 정보에 의존하여 우회적으로 평가할 것이다. 이러한 우회적인 정보 또는 신호는 회사의 자본지출, 자본조달결정, 배당결정, 주식분할 등에 관련된 결정을 포함하고 있다. 예를 들자면, 대기업의 임원이 자사주를 매입한다면 회사의 미래전망은 밝다는 신호를 시장에 보내는 셈이다.

경영자는 의사결정에 따른 시장반응을 고려하게 마련이다. 경영자의 능력은 주식가치에 따른 실적에 따라 평가받게 된다. 따라서, 경영자가 기업의 현재가치를 증가시키려 한다면 투자자가 가장 선호하는 정보를 전달할 수 있는 결정을 선호할 것이다. 그러나 경영자의 이러한 행동은 기업의 내재적 가치를 반드시 증가시키지는 않으며 때로는 투자자가 선호하는 정보를 전달하여 기업의 가치를 하락시키는 선택을 하기도 한다.

본 장에서는 기업가치를 창조하는 경영자의 결정과 단순히 투자자에게 호의적인 정보를 전달하는 경영자의 결정을 구분해야 된다는 사실을 강조한다. 가치창조결정이 투자자에게 비호의적인 정보가 되어 주가하락을 초래하는 반면, 가치파괴결정이 투자자에게 호의적인 정보가 되어 주가상승을 초래하는 경우가 흔히 있다. 만일 기업가치를 파괴할 것으로 기대되었던 결정이 때때로 시장에서 호의적인 정보로 전달한다면 기업발표에 대한 주가반응을 해석하는 데 주의하여야 한다.

1. 경영자보상

본 장에서는 기본적으로 경영자는 기업의 주가를 극대화하도록 행동한다고 가정한다. 그러나 경영자가 기대하는 주식가치와 시장가치가 차이가 있다면, 경영자는 기업목표에 대해 좀 더 고심할 필요가 있다. 즉, 경영자는 기업공시정보에 근거한 현재의 시장가치를 극대화하여야 되는가? 아니면 경영자는 개인적 판단에 의해 자신이 산정한 미래현금흐름의 현재가치를 극대화하도록 행동하여야 되는가?

비록 기업의 내재가치와 현재시장가치가 서로 차이가 있다 하더라도 두 목표가 서로 상충되지 않는다. 특정한 결정이 분석가가 기업의 주식을 평가하기 위해 이용하는 정보를 전달할 경우 현재주식가치를 극대화하는 결정이라도 장기적으로는 주주의 이해와 관련되지 않을 수 있다. 이러한 경우, 주주들은 상충되는 목표가운데 경영자가 어떤 목표를 선택하여야 되는지에 대해 일치된 견해를 가지고 있지 않다.

장기주식투자자는 주식매매시점에는 투자시점에서 미처 파악치 못한 미래현금흐름에 대한 정보가 주가에 이미 반영하였다고 판단하기에 내재적 가치에 관심을 두게 마련이다. 따라서 장기투자자는 주식의 내재적 가치를 극대화하는 경영자를 선호한다. 물론 이러한 견해는 경영자가 기업의 내재적 가치를 올바르게 평가하고 있다고 가정하지만, 단기간에 주식을 매도하려는 주주는 현재 또는 단기간에 주가를 상승시키는 경영자를 선호한다. 왜냐하면, 위험회피성향과 할인율을 고려할지라도 현재주가가 높다면 단기적으로 주가는 상승하는 경향이 있기 때문이다. 따라서, 단기보유주주와 장기보유주주사이에는 이해갈등이 상존하기 마련이다.

1) 장기주가극대화와 단기주가극대화의 목표의 대립

〈표 8-1〉은 경영자가 의사결정을 할 경우 기업의 현재주가와 내재적 가치의 견지에서 어떻게 의사결정을 하여야 되는가를 예시하여 주고 있다. 경영자가 기업에서 장기근무를 기대하면서 기업의 옵션과 주식을 계속 보유한다면 경영자는 회사의 내재가치를 극대화할 것이다. 그러나, 대부분 경영자는 기업의 현재주가에 대해 다음과 같은 이유에서 관심을 가지게 된다.

· 경영자는 추가적 주식발행을 계획하거나 가까운 시기에 자신의 자사주를 매도하려는 계획을 가질 수 있다.
· 경영자는 외부자가 기업의 내재가치보다 낮은 가격으로 기업을 취득하려는 데에 관심을 가지고 있다.
· 경영자보상은 기업의 현재주가에 직접적으로나 간접적으로 관련되어 있다.
· 고객과 외부이해관계자를 유인하는 능력은 외부자의 기업가치에 대한 인식에 관련되어 있다.

경영자는 항상 기업의 현재가치를 증가하려는 유인을 가지고 있지만 내재가치를 희생하려는 정도는 상황에 따라 다르다. 실제로 경영자는 기업의 현재시장가치를 일시적으로 낮추길 원하는 경우도 있다. 기업의 현재가치와 내재가치와의 갈등적 관계에서 경영자의 목표는 현재가치와 내재가치의 가중평균을 극대화한다고 보는 견해가 가장 현실적일 것이다.

〈표 8-1〉 경영자의 갈등유인

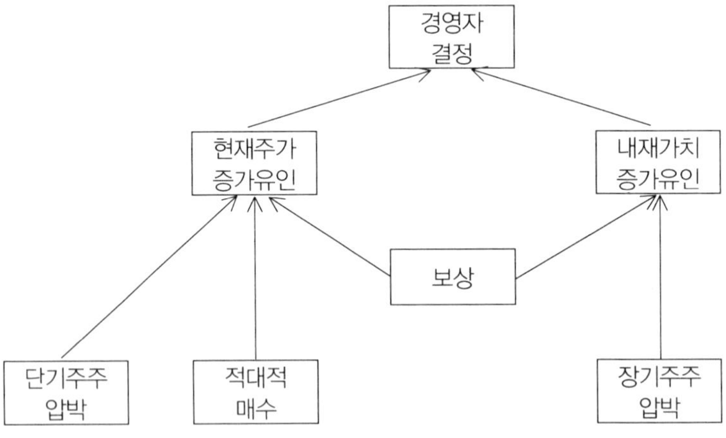

2. 이익조작

본 장에서는 정보가 자본조달방법와 투자선택에 미치는 영향에 대해 살펴 볼 것이다. 우선 정보가 이익에 미치는 영향을 먼저 살펴 보고자 한다. 최근 회계분야 연구에 의하면 경영자는 미래회계이익은 보다 적게 당기회계이익은 보다 많이 발생하도록 이익을 조작한다고 주장하고 있다. 대체로 경영자는 회계처리방법을 임의로 변경할 수 있는 재량권을 가지고 있다. 예를 들어, 정액감가상각법을 이용했을 경우 가속감가상각법을 이용했을 경우보다 초기감가상각액이 적으므로 이익이 상대적으로 증가하게 마련이다. 마찬가지로 재고자산평가방법의 선택은 투입가격의 변동에 따라 당기 또는 미래이익에 영향을 미치게 된다.

회계처리방법은 기업의 재무제표에 대체로 공시되지만, 공시되지 않은 회계결정 역시 이익에 영향을 주고 있다. 예를 들면, 경영자는 감가상각자산의 내용년수, 잔존가치, 무형자산의 연수, 외상매출금의 비회수율 등을 산정하는 데 재량권을 가지고 있다.

1) 회계이익에 대한 유인

경영자가 주가를 증가하여 가장 큰 이익을 볼 수 있을 때 인위적으로 회계이익을 부풀리는 경향이 있다. 예로서, 신주공모이전에 이익을 크게 보고할 수 있는 회계재량권(discretionary accounting)을 행사하는 경향이 있다. 즉, 신주공모에 회계이익을 부풀려 주가상승을 유도해 신주발행에 따른 전입금을 기대한다. 때로는 기업은 회계이익을 의도적으로 적게 보고한다. 노사협상이나 정부지원이 필요한 경우에는 회계이익을 적게 하여 이에 따른 상대적 이익을 갖고자 한다.

3. 단기투자선택

식별력있는 투자자와 분석가들은 액면가로 보고된 이익의 크기가 경영자에 의해 조정될 수 있기에 일반적으로 불신하는 경향이 있다. 따라서 일부 분석가는 기업가치를 회계이익보다 현금흐름을 이용하여 평가하려 한다. 그러나 기업은 이익뿐만 아니라 현금흐름에 영향을 미치는 실물투자와 영업결정을 하게 된다. 따라서 경영자는 단기적으로는 경영실적이 우량하게 보이지만 장기적으로는 불량하게 만드는 의사결정을 할 수 있다.

1) 장기투자에 대한 경영자 거부

경영자는 주가의 증가에 따른 보상을 우선적으로 원하기에 초기에 낮은 현금흐름을 창출하는 장기투자에 주저한다. 경영자는 투자성과가 수 년안에 이루어진다고 허위로 주장할 수 있는 유인을 가지고 있다는 사실을 투자자는 알고 있기에 장기투자는 쉽게 이루어지지 않는다. 그러나 투자자는 경영자가 진실을 말하는지 장기투자성과에 대한 주장이 현재부실을 감추기 위한 허위인지를 알 수가 없다. 따라서 경영자의 장기성과에 대한 언급에 관계없이 현재성과가 좋지 않다면 주가는 하락하기 마련이다. 경영자가 장기투자를 꺼리는 문제는 기업의 내재적 가치에 관심을 가지는 경영자에 해당되는 문제이기 보다는 현재주가를 높게 유지하려는 경영자에게 관련되는 문제라고 볼 수 있다.

경영자가 단기적 성과에 더 관심을 가지는 경향은 일본 기업보다 미국 기업에서 나타나는 현상이라고 말할 수 있다. 미국 경영자는 기관투자가에 의해 항시 감독을 받기 때문에 현재주가에 대해 보다 관심을 가지게 된다. 또한 미국 경영자는 적대적 인수 합병의 가능성을 우려하며 경영자 보상은 단기적 성과에 의거하여 결정되기 때문에 단기적 성과에 보다 관심을 가지게 된다.

4. 배당과 주식재구입발표의 정보전달효과

경영자는 배당발표는 투자자에게 유익한 정보로 해석되기에 주가상승의 반응을 기대할 것이다. 그러나 배당금지급은 기업의 내재가치의 증가를 의미하는 것은 아니다. 비록 기업의 수익성에 불리한 정보가 발표되었다 할지라도 시장에 유익한 정보를 전달하는 재무결정은 주가를 상승시킨다. 배당금증가는 기업의 내재가치를 감소시키지만 시장에 유리한 정보를 전달하므로 주가상승의 반응을 가져온다.

1) 배당금신호전달모형

배당금증가에 따른 주가상승반응에 대해 신호전달이론에 근거한 여러 설명이 제시되어 왔지만 본 절에서는 가장 직관적인 모형을 설명하고자 한다. 이 모형은 자기자본으로만 자본조달이 이루어진 기업의 영업현금흐름을 분석하여 본다. 자금의 원천과 운용은 다음과 같다.

$$\text{영업현금흐름} = \text{투자지출} - \text{자기자본 변동} + \text{배당금}$$

자산에 의해 생성된 현금흐름은 자본적 지출을 위해 내부유보되거나 주식환매나 배당금으로 주주에게 지급된다.

■ **투자자에 의해 관찰된 정보:** 투자자는 경영자가 다양한 방법으로 회계를 조작할 수 있으므로 기업의 진정한 영업현금흐름을 관찰할 수 없다고 가정한다. 또한 외부투자자는 설비유지비 또는 소비자자료베이스구축비와 같은 기업의 자본적 지출을 구성하는 모든 항목을 관찰할 수 없다. 그러나 투자자는 주주가치를 극대화하기 위해서는 기업이 얼마를 투자하여야 되는가를 알고 있다고 가정할 수 있다. 또한 투자자는 배당금의 크기와 신규자본액과 주식환매액을 알고 있다.

■ **배당금변화를 포함하는 정보:** 배당금과 발행주식의 변동은 투자자에게 기업의 영업현금흐름뿐만 아니라 자본적 지출에 관한 정보를 제공하여 준다. 그러나 투자자는 기대치 않은 배당금의 변화에 따른 의미를 제대로 해석할 수 없다. 배당금증가는 예상보다 수익이 많이 발생하여 지급될 수 있으므로 유익한 정보로 해석할 수 있다. 반면에, 투자계획을 축소하여 발생한 자금을 배당금으로 지급할 수 있으므로 불리한 정보로 해석할 수도 있다.

2) 배당금신호전달과 과소투자

경영자는 기업의 내재가치 극대화에만 관심이 있다면 경영자는 투자를 최적수준에서 선택하려 노력할 것이다. 반면, 경영자가 주식의 가격에 대한 보상을 생각하고 있다면 투자를 고려하지 않고 주주에게 배당금을 지급하여 현재주가의 상승을 기대할 것이다. 따라서, 경영자가 주주에게 우호적인 정보를 전달하려는 유인을 가지면 일반적으로 현저하게 과다한 배당을 지급하는 반면 과소한 자본적 지출을 발생시킨다.

■ **주가상승과 가치창조:** 배당금은 기업의 내재가치를 증가하도록 이용될 수 있다. 분석가는 많은 배당금지급은 기업이 생각보다 좋은 자금력을 가지고 있음을 알리게 되므로 긍정적 정보로 보고 있다. 이 경우 배당금증가는 주가상승으로 반응할 것이다. 마찬가지로, 주가는 우수한 결정에 대해 비호의적 반응을 보일 수 있다. 만일 회사가 자금이 부족하다면 배당금감소가 가장 좋은 선택안일 것이다. 그러나 배당금감소에 관한 발표는 기업곤경을 나타낼 수도 있으므로 주식시장은 발표에 대해 부정적 반응을 보일 수 있다.

■ **주식환매와 배당금:** 세금과 거래비용을 고려하지 않을 경우, 배당금과 주식환매는 동일한 의미를 가진다고 밝혀졌다. 주식환매는 기업이 충분한 영업현금흐름을 가지고 있다는 정보를 전달하므로 배당금과 동일한 효과를 가진다.

3) 배당정책과 투자유인

투자자는 기업의 투자기회뿐만 아니라 현재주가의 극대화에 관심이 있다. 투자자가 경영자 유인과 투자기회를 알고 있다면, 투자비용을 정확하게 추론할 수 있을 것이다. 자기자본으로 구성된 기업의 자금운용표에서 관찰할 수 없는 항목은 배당금과 자기자본조달변동액으로 구성된 영업현금흐름일 것이다.

실제로, 투자분석가는 기업의 투자기회와 투자금액을 정확히 추론할 수가 없다. 따라서 배당금지급액은 투자기회와 유인 그리고 영업현금흐름에 대한 정보를 전달한다. 기업의 배당금감소는 이중적인 신호를 전달한다. 즉, 배당금감소는 기업의 이익이 종전보다 저조하거나 좋은 투자기회에 대해 투자자의 기대보다 더욱 많이 투자할 계획을 암시한다.

■ **배당금감소와 투자증가** : 배당금감소는 투자지출의 증가를 의미하므로 투자자의 기대에 따라 좋은 정보 또는 나쁜 정보가 될 수 있다. 기업이 양의 순현가 혹은 음의 순현가 투자안 가운데 투자안선택을 투자자가 확신할 때 좋은 소식이 될 수도 나쁜 소식이 될 수도 있다.

■ **배당금감소과 과대투자유인:** 배당금감소가 투자자금증가를 유발할 것이라는 견해는 오직 기업이 양(+)의 순현가투자안에 투자할 것이라고 주주가 믿을 때만 호의적인 주가반응을 보일 것이다. 경영자는 자신의 기업이 성장하는 것을 선호하기에 초과투자를 할 수도 있다. 따라서 경영자가 투자를 증가한다는 신호는 좋은 정보가 될 수도 있고 나쁜 정보가 될 수도 있다. 배당금의 증감에 따른 주가반응은 기업이 이용가능한 투자기회에 의존한다. 투자자는 기업의 투자기회가 나쁠 때 배당증가를 호의적인 신호로 받아 들인다.

4) 배당금지급

배당금의 증가나 신규지급은 투자자로부터 기업에 관심을 쉽게 끌게 하므로 주가상승을 초래한다. 투자자는 관심을 끄는 결정을 왜 호재로 생각하는 가를 이해하기 위해서는 경영자가 호재로 여기는 조건을 고려해 보아야 한다. 만약 기업이 과소평가되어 있다면 좀 더 정밀한 분석에 의해 주가는 긍정적으로 조정될 것이다. 반대로, 주가가 과대평가되어 있다면 분석에 의해 주가는 부정적으로 조정될 것이다. 따라서, 관심을 끄는 유인은 과소평가된 기업에게 가장 긍정적인 작용을 한다. 왜냐하면 관심을 끄는 특정한 발표에 대해 긍정적인 주가반응을 기대할 수 있기 때문이다. 그러나 배당과 주식분할의 발표에 대한 주식시장의 긍정적 반응은 단순한 관심만을 끄는 경영자의 의사결정에도 주가는 반응한다고 해석할 수 있다. 현금배당과 달리 주식배당과 분할은 현금흐름과 투자안에 영향을 미치지 못하고 있다. 그럼에도, 주식배당과 분할이 발표되었을 때 주가반응은 현금배당이 발표되었을 때와 거의 유사한 크기로 나타났다.

5. 타인자본과 자기자본의 선택이 주는 정보효과

본 절에서는 기업의 타인자본과 자기자본의 선택이 투자자에게 전달하는 정보효과에 대해 살펴 본다. 부채와 자기자본의 선택이 투자자에게 전달하는 정보효과를 두 측면에서 설명한다. 첫째, 기업이 미래에 재무적 곤경에 당면할 가능성이 있다면 재무곤경비용때문에 경영자는 부채비율의 증가를 회피한다. 부채발행은 경영자가 기업의 부채상환능력을 신뢰하고 있다는 신호로 간주할 수 있다. 둘째, 경영자는 과소평가된 신주를 발행하는 것을 주저하기 때문에 신주발행은 주식이 과소평가되지 않았고 과대평가되었을 지도 모른다는 신호로 고려될 수 있다.

1) 세금혜택과 재무곤경비용의 상충관계

기업의 부채비율의 정보전달효과를 이해하기 위해서는 우선 기업은 타인자본조달로 인한 감세혜택과 재무곤경비용의 상충관계(trade-off)에서 자본구조를 선택한다는 사실을 인식할 필요가 있다. 기업은 기대현금흐름이 충분하다면, 타인자본조달로 인한 감세혜택을 가능한 최대로 가질 수 있고 나아가 재무곤경비용도 낮아질 수 있는 자본구조를 선택할 것이다.

기업의 기대현금흐름이 최적자본구조를 결정하기에, 자본구조선택은 주주에게 정보를 전달한다. 자본구조의 정보효과는 내재가치에 관한 경영자의 결정에 영향을 미치지 않지만, 현재주식가치에 관한 경영자의 결정에 영향을 미친다. 실제로 경영자는 내재가치보다 현재주식가치에 더 많은 비중을 두고 의사결정을 한다. 경영자는 현재시장가치를 증가할 수 있다면 내재가치를 극대화하는 수준을 넘는 부채비율을 추구한다.

2) 逆의 선택이론

특정한 보험회사가 두 개의 서로 다른 건강보험상품을 판매하고 있다고 하자. 첫 번째 보험상품은 매우 비싸지만 의료비를 전액 지불해준다. 두 번째 상품은 덜 비싸지만 의료비의 80%를 지불해 준다. 서로 다른 두 상품 가운 데 어떤 상품을 선택할 것인가?

많은 경제학자들은 보험상품은 무작위로 선택되지는 않는다고 주장한다. 보험에서 逆의 선택은 개인은 자신의 정보에 기초해 최선의 선택한다는 것이다. 따라서 비싼 보험은 건강치 않은 개인의 관심을 끌게 마련이다. 역의 선택의 개념을 제시한 Akerlof(1970)가 언급한 중고자동차는 신차출고이후 첫 해에 가장 많이 평가절하된다. 왜냐하면 출고이후 첫 해에 중고시장에서 팔려는 자동차는 결함이 많을 자동차('lemon')로 인식될 가능성이 많기 때문이다. 따라서 구매자는 비록 자동차가 좋아 보일지라도 평균이상의 가격을 지불하길 꺼리게 된다.

역의 선택의 문제는 회사가 신규주식을 발행할 때에도 중요한 개념이 된다. 경영자는 시장가격이 내재가치에 비해 아주 좋을 때 주식을 팔아서 큰 보상을 얻으려 한다. 시장정보에 밝은 경영자는 자기자본조달이 적정한 시기에 이루어진다면 발행비용에 비해 기업의 내재가치를 증가할 수 있는 수단이 될 수 있고, 반대의 경우에는 기업의 내재가치를 감소시킬 수 있는 수단이라는 사실을 잘 알고 있다.

■ **내부주식을 판매할 경우 역의 선택문제:** 과소평가된 주식을 발행하기보다 보유하려는 경영자유인은 기업공개을 통해 포트폴리오를 분산하려는 기업가의 입장에서 이해하여야 한다. 기업의 주식발행규모는 주식발행으로 인한 분산효과, 세금 및 주식평가수준에 의해 결정된다. 신주발행보다 주식보유가 기업의 미래전망에 대한 호의적인 신호를 전달하여 상대적으로 높은 주가를 유지할 수 있지만 분산효과는 이루지 못할 것이다. 만일 투자자가 경영자는 매우 위험회피적이라 주식을 판매하려 한다고 생각한다면 투자자는 역의 선택문제에 개의치 않고 주식을 기꺼히 매입할 것이다. 반대로, 경영자가 위험회피적은 아니지만 세금납부에 매우 회피적이라면 주식매입을 주저할 것이다.

■ **신규투자에 자본조달을 할 경우 역의 선택문제:** 기업은 신규투자에 자본조달하기 위해 주식을 발행할 수 있다. 투자자에게 신주발행이

매력적인 신규투자를 위한 결정이라고 설득시킬 수 있다면 발행주가가 비싸지 않다고 확신시키기가 과소평가되었다고 설득하기보다 쉬울 것이다. 그러나 역의 선택문제는 신규투자의 매력에 의해 항상 해결되는 것은 아니다. 기업은 저평가주식으로 신규투자에 자본조달하는 것을 주저하기에 양(+)의 순현가투자안을 종종 회피하기도 한다. 이러한 경우 신규투자여부에 따라 주가는 아래와 같이 표시할 수 있다.

$$\text{투자안을 선택할 경우 주가} = \frac{\text{현존자산의 현가} + \text{신규투자의 현가}}{\text{기존주식주} + \text{신규주식주}}$$

$$\text{투자안을 선택하지 않을 경우 주가} = \frac{\text{현존자산의 현가}}{\text{기존주식수}}$$

예 8-1 경영자가 투자자보다 신주발행에 더 잘 알고 있을 경우에 올림피아(주)는 주식을 주당 50 달러에 100만주를 판매하고 있다. 주가 50 달러는 4천만 달러로 평가된 현재사업가치와 투자비용이 2천만 달러이고 투자가치가 3천만 달러에 순현가 1천만 달러를 반영하고 있다. 올림피아(주) 경영진은 5천만 달러에 해당되는 방대한 유전을 발견하였다. 이 사실은 주주에게 알려지지 않아 올림피아의 현재주식가치에 반영되지 않었다. 만약 유전에 관한 정보가 주주에게 알려진다면, 주식은 100 달러로 치솟을 것이다. 불행히도 경영진은 시장에 이 정보를 직접적으로 알릴 방법을 가지고 있지 않기에 경영진은 주식을 당분간 과소평가할 것이다. 올림피아(주)가 주당 50 달러에 40만주를 신규발행하여 소요자금을 조달한다면 회사의 내재가치에 어떻게 영향을 미칠 것인가?

답

회사가 이 투자안을 회피한다면, 유전에 관한 새로운 정보가 알려질 때 [(4천만 달러 + 5천만 달러)/ 1백만주]로 주가는 90 달러에 이를 것이다. 그러나 투자안이 채택된다면, 회사의 내재가치는 1억 2천만 달러 (4천만 달러 + 3천만 달러 + 5천만 달러), 발행주식주는 140만주, 주당가치는 85.71 달러(1.2억 달러 ÷ 1.4백만주)가 된다. 따라서, 회사는 과소평가된 주식을 발행하여 순현가가 양인 투자안을 채택하지 않을 것이다.

■ **부채발행으로 역의 선택문제 해결:** (예 8-1)에서 투자안이 부채로 조달된다면 기업은 투자안이 양(+)의 순현가를 창출하기에 투자를 계속할 것이다. 이 경우 내재가치는

$$\text{무위험사채로 자본조달을 할 경우 주가} = \frac{\text{기존자산가치} + \text{신규투자안의 현가}}{\text{주식주}}$$

그러나 이 경우 재무곤경비용을 발생할 수 있는 위험스러운 부채로 투자안을 조달한다면, 기업은 투자안을 회피할 수도 있다. 따라서 기업은 최적자본구조에서 이탈할 경우 발생하는 비용과 이에 따른 재무곤경비용과 투자안이 창출하는 순현가의 이득을 비교해야만 한다. 이 분석결과에 따라 비록 순현가가 양(+)인 투자안이라도 경우에 따라서 기각될 수 있을 것이다.

마찬가지로, 기업은 음(-)의 순현가투자안을 채택할 수도 있으며 과대평가된 주식발행을 통해 투자안의 자본조달을 한다면 부채비율은 낮아질 것이다. 이러한 유인때문에 주식발행은 기업이 시장에서 과대

평가되었다는 사실을 전달하기에 주가하락을 유도하고 나아가 주식발행을 감소하는 결과에 이르게 된다.

이러한 논의는 경영자가 개인만이 호의적 정보를 가지고 있다면 주식보다는 부채를 통해 투자안의 자본조달을 도모할 것이다. (예 8-1)에서 올림피아(주)는 투자안을 무위험부채로 조달하였다면 주가는 100 달러에 이르렀을 것이다. 채권자가 추가부채를 제공하지 않거나 기업이 재무곤경비용때문에 추가부채를 조달하지 않는다면, 과소평가된 기업은 수익성이 있는 투자안도 회피할 수 있다.

■ **역의 선택과 우선주발행:** 과소평가된 기업이 투자안에 자본조달할 경우 제기되는 재무곤경과 희석(dilution)의 문제는 우선주를 발행하므로써 해결될 수 있다. 우선주는 기본적으로 확정비용을 가지므로 사채의 특성을 지니고 있다. 기업이 우선주에 대해 배당금을 지급하지 않는다 하더라도 우선주주는 파산신청을 하지 않기에 우선주는 재무곤경의 문제를 야기하지 않는다고 간주할 수 있다. 또한 우선주는 보통주처럼 과소평가된 주식을 발행하므로써 야기되는 희석비용이 문제시 되지 않는다. 이러한 이유로 우선주는 기업이 일시적으로 재무곤경에 처해 있을 때 자본조달수단으로 고려될 수 있다. 투자자가 기업의 재무곤경이 일시적이라고 생각하지 않을 경우 보통주는 과소평가될 수 있을 것이다. 이러한 상황에서 기업은 이익을 창출하지 못할 수 있으며 부채발행이 바람직하지 못할 수 있다. 나아가 부채발행은 기업의 신용등급을 낮추게 하며 기업의 이해관계자에게 문제를 야기하게 된다.

참고문헌

강효석, 이원흠, 조장연 (2005), 기업가치평가론, 홍문사

박정식, 박종원, 조재호 (2006), 현대재무관리, 7판, 다산출판사

최운열, 박영석 (2007), 투자론, 박영사

Akerlof, George (1970), "The Market for 'lemons': Quality Uncertainty and the Market Mechanism." *Quarterly Journal of Economics* 84-3, pp.448-500.

Black, fisher and Myron Scholes (1973), "The Pricing of Options and Corporate Liabilities," Journal of Financial Economics 81, pp. 637-659.

Bodie, Zvi, Alex Kane and Alan Marcus (2007), *Essentials of Investments,* McGrawHill

Brennan, Michael and Eduardo Schwartz (1985), "Evaluating natural Resources Investments," *Journal of Business* 58, pp.135-157.

________________ (1985), "A New Approach to Evaluating Natural Resource Investments," *Midland Corporate Finance Journal* 3.

Demesetz, Harold and Kenneth Lehn (1985), "The Structure of Corporate Ownership," *Journal of Political Economy* 93, pp. 1155-1177.

Dixit, Avainash and Robert Pindyck (1994), *Investment under Uncertainty,* Princeton University Press

Donalson, Gordon (1961), *Corporate Debt Capacity: A Study on Corporate Debt Policy and the Determination of Corporate Debt*

Capacity, Harvard Graduate School of Business Administration.

Donalson, Gordon and Jay Lorsch (1983), *Decision Making at the Top: The Shaping of Strategic Direction,* Basic Books

Fisher, Irving (1930), The Theory Of Interest, Reprint, Augustus Kelly.

Gilson, Stuart (1989), "Management Turnover and Financial Distress," *Journal of Financial Economics* 25, pp.241-262.

Gordon, Myron (1962), *The Investment Financing and Valuation of the Corporation*, Burr Ridge, Richard D, Irwin

Grinblatt, Mark and Sheridan Titman (2002), *Financial Markets and Corporate Strategy*, McGrawHill.

Grossman, Sanford and Oliver Hart (1982), "Corporate Financial Structure and Managerial Incentives," In *The Economics of Information and Uncertainty,* University of Chicago Press.

Hart, Oliver and John Moore (1995), "Bebt and Seniority: An Analysis of the Role of Hard Claims in Constraining Management," *American Economics Review* 85, pp.567-585.

Haugen, Robert and Lemma Senbet (1978), "The Insignificance of Bakcruptcy Costs to the Theory of Optimal Capital Structure," *Journal of Finance* 33, pp.383-393.

Ingersoll, Jonnathan and Stephen Ross (1992), "Waiting to Invest: Investment and Uncertainty," *Journal of Business* 65, pp.1-29.

Jensen, Michael (1986), "Agency Cost of Free Cash Flow, Corporate Finance and Takeovers," *American Economic Review* 76, pp.323-329.

Jensen, Michael and William Meckling(1976), "Theory of the Firm: Managerial Behavior, Agency Costs and Ownership Structure," *Journal of Financial Economics*, pp.305-360.

Leland, Hayne and David Pyle (1977), "Informational Asymmetries, Financial Structure and Financial Intermediation." *Journal of Finance* 32-2, pp.317-87.

McConnell, John and Henri Servaes (1990), "Additional Evidence on Equity Ownership and Corporate Value," *Journal of Financial Economics* 27, pp. 595-612.

Mehran, Hamid (1992), "Executive Incentive Plans, Corporate Control, and Capital Structure," *Journal of Financial and Quantitative Analysis* 27, pp.539-560.

Miller, Merton and Franco Modigliani (1961), "Dividend Policy, Growth and the Value of Shares," *Journal of Business* 34, pp.411-433.

Miller, Merton (1977), "Debt and Taxes," *Journal of Finance* 32, pp.261-275.

Miller, Merton and Myron Scholes (1978), "Dividends and Taxes," *Journal of Financial Economics* 6, pp.333-64.

_______________ (1982), "Dividends and Taxes: Empirical Evidence," *Journal of Political Economy* 90, pp. 1118-1141.

Morck, Randall Andrei Shleifer and Robert Vishny (1988), "Managerial Ownership and Market Valuation: An Empirical Analysis," *Journal of Financial Economics* 20, pp.293-316.

Modigliani, Franco and Merton Miller (1958), "The Cost of Capital, Corporate Finance, and the Theory of Investment," *American Economic Review* 48, pp.261-297.

_______________ (1963), "Corporate Income Taxes and the Cost of Capital: A Correction," *American Economic Review* 53, pp.433-492.

Myers, Stewart (1984), "The Capital Structure Puzzle," *Journal of Finance* 39, pp.575-92.

Myers, Stewart and Nicholas Majluf (1984), "Corporate Financing and Investment Decisions When Firms Have Information that Investors Do Not Have," *Journal of Financial Economics* 13-2, pp.187-221.

Ogden, Joseph, Frank Jen and Philip O'Connor (2002), *Advanced Corporate Finance: Policies and Strategies,* Prentice Hall.

Opler, Tim and Sheridan Titman (1994), "Financial Distress and Corporate Performance," *Journal of Finance* 49, pp.1015-1040.

Ross, Stephen (1976), "The Arbitrage Theory of Capital Asset Pricing," *Journal of Economic Theory* 13, pp.341-360.

_______________ (1977), "The Determinants of Financial Structure: The

Incentive Signalling Approach," *Bell Journal of Economics* 8-1, pp.23-40.

Schleifier, Andrei and Robert Vishny (1989), "Management Entrenchment: The Case of Manager-Specific Investments," Journal of Financial Economics 32, pp.123-129

Sharpe, William (1964), "Capital Asset Prices: A Theory of Market Equilibrium under Conditions of Risk," *Journal of Finance* 19, pp.425-442.

Shapiro, alan (1985), "Corporate Strategy and the Capital Budgeting Decision," *Midland Corporate Finance Journal* 3, pp.22-36.

Smith, Clifford, Jr. and Ross Watts (1992), "The Investment Opportunity Set and Corporate Financing, Dividend, and Compensation Policies," *Journal of Financial Economics* 32, pp.263-292.

Spence, Michael (1973), "Job Market Signalling," *Quarterly Journal of Economics* 87, pp.355-374.

Stulz, Rene (1990), "Managerial Discretion and Optimal Financing Policies," *Journal of Financial Economics* 26, pp.3-27.

Titman, Sheridan (1984), "The Effect of Capital Structure on the Firms's Liquidation Decision," *Journal of Financial Economics* 13, pp.137-152.

Titman, Sheridan and Roberto Wessels (1988), "The Determinants of Capital Structure Choice," *Journal of Finance* 43, pp. 1-20.

Trigeorgis, Lenos (1996), *Real Options*, Cambridge, MA: MIT Press.

찾아보기